U0107089

正道的谋略

南怀瑾 讲述

北京联合出版公司
Beijing United Publishing Co.,Ltd.

南怀瑾先生，1955 年于台湾省基隆市。
詹阿仁摄影

南怀瑾先生简介

南怀瑾先生,戊午年(1918年)出生,浙江省乐清县(今乐清市)人。幼承庭训,少习诸子百家。浙江国术馆国术训练员专修班第二期毕业,中央陆军军官学校政治研究班第十期修业,金陵大学社会福利行政特别研究部研习。

抗日战争中,投笔从戎,跃马西南,筹边屯垦,曾任大小凉山垦殖公司总经理兼自卫团总指挥。返回成都后,执教于中央陆军军官学校军官教育队。其间,遇禅门大德袁焕仙先生而发明心地,于峨眉山发愿接续中华文化断层,并于大坪寺阅《大藏经》。讲学于云南大学、四川大学等院校。

赴台湾后,任中国文化学院(今中国文化大学)、辅仁大学、政治大学等院校和研究所兼职教授。二十世纪八十年代曾旅美、居港。在台、港及旅美时期,创办东西(文化)精华协会、老古出版社(后改组为老古文化事业股份有限公司)、《人文世界》杂志、《知见》杂志、美国弗吉尼亚州东西文化学院、ICI香港国际文教基金会,主持十方丛林书院。

在香港期间，曾协调海峡两岸，推动祖国统一大业。关心家乡建设，1990年泰顺、文成水灾，捐资救患；在温州成立南氏医药科技基金会、农业科技基金会等。又将乐清故居重建，移交地方政府作为老幼文康中心。与浙江省合建金温铁路，造福东南。

继而于内地创办东西精华农科（苏州）有限公司；独资设立吴江太湖文化事业公司、太湖大学堂、吴江太湖国际实验学校；推动兴办武汉外国语学校美加分校；推动在上海兴办南怀瑾研究院（恒南书院）；恢复禅宗曹洞宗祖庭洞山寺；支持中医现代化研究——道生中医四诊仪研制与应用；资助印度佛教复兴运动；捐建太湖之滨老太庙文化广场。

数十年来，为接续中华文化断层心愿讲学不辍，并提倡幼少儿童智力开发，推动中英文经典课余诵读及珠算、心算并重之工作。又因国内学者之促，为黄河断流、南北调水事，倡立参天水利资源工程研考会，做科研工作之先声。其学生自出巨资，用其名义在国内创立光华教育基金会，资助三十多所著名大学，嘉惠师生云云。其他众多利人利民利国之举，难以尽述。

先生生平致力于弘扬中华传统文化，并主张融合东西文化精华，造福人类未来。出版有《论语别裁》《孟子旁通》《原本大学微言》《老子他说》《金刚经说什么》等中文繁简体及外文版著述一百四十余种。且秉持继绝兴亡精神与历史文化责任感，自行出版或推动出版众多历史文化典籍，并藏书精华数万册。

要之：其人一生行迹奇特，常情莫测，有种种称誉，今人犹不尽识其详者。

壬辰年（2012年）仲秋，先生在太湖大学堂辞世，享年九十五岁。

出版说明

南怀瑾先生一生致力于传播中国传统文化，他的论述涉及的学问领域之广，作品的影响力之大，在当代都是首屈一指的。南怀瑾先生的作品，素来有深入浅出、通俗易懂的特色，但是毕竟体量宏富，万象森罗，已正式出版的中文简体版作品超过五十种，总字数近千万，且以分门别类的专著为主，因而对于一般读者来说，阅读的门槛和压力还是有的。

我们策划这套书的目的，是为广大读者提供一种更轻松、关联性更强的阅读体验，也希望有更多新的读者通过这套书走近南怀瑾先生，走近中国传统文化。

为了达到这个目的，我们为每一本书设定了一个主题。每个主题一方面对应着南怀瑾先生作品中的一个重要内容板块，另一方面对应着与读者的关联性。每一本书一般由几个章节构成，每一章聚焦全书主题的一个方面，由几篇文章构成。每篇文章由标题引领一个相对完整和独立的叙述，大部分文章篇幅在三千字左右。每篇文章素材的选择，遵循知识性、趣味性和启发性三个原则。我们力求让每一篇读起来都是"散文"的体验，体量轻小，易于阅读和归纳理解，而篇章之间又组成更大的叙述和主题，让读者有层层渐进、步步深入的体会。

具体到《正道的谋略》这一册，关注的是中国传统文化中有关做人成事策略的话题，侧重于传统谋略智慧对个人在日常生活中做人做事的启示。以儒家精神来看，即是所谓"格物、致知、诚意、正心、修身、齐家、治国、平天下"的成才路径；从道家思想切入，则是关于"立身与事功""出世与入世""内圣与外王""阴谋与阳谋""王道与霸道"，乃至"领导学""帝王学""纵横术"等内容。我们整理南怀瑾先生的著述，综合儒道两家的内容，将本书分为七个单元，分别讲解"原则与目标""规律与手段""道德与利益""言行与举止""先学做下属""再学做领导""用人"七大板块内容，统称为《正道的谋略》。

如此划分、命名，有如下几点原因。

其一，在选材上，本书收录的内容以道家思想为主。南先生认为，中国文化博大精深，儒家只是诸子百家之一，孔孟思想虽然伟大，却不能代表中国文化的全部。事实上，道家、墨家、纵横家、阴阳家等学派，始终影响着中国社会历史。兼收并蓄，杂用百家，才是面对一切现实问题的正道。

其二，从源头看，儒道两家本是同根同源。本书的七个单元，向读者呈现了道家打造的成才之路，它与儒家的"修身、齐家、治国、平天下"有相通之处，但更偏实用。南师认为，每当中国进入混乱变动时期，真正出来力挽狂澜、功成名就而又能全身而退的，大多是道家人物。道家学说的精髓在于既能入世也能出世，它真正平衡了进退显隐的矛盾，既有理论深度，又能有效解决现实问题。活用道家的人，不会成为百无一用、空谈理想的书呆子，也不会失去入世成事的动力。

其三，道家思想素来被误认为是阴谋的鼻祖。一说到老庄，人们就联想到谋略，进而联想到阴险圆滑、工于心计、惯用权谋。在南师看来，这种观念错误得很严重。阴阳是一体两面，本无善恶。无论阴谋阳谋，都要活用。道家主张用谋略要以诚恳之心为大原则，而不提倡专以阴谋害人，实则是教人遇事不可勉强用事，要懂得顺势而为。

其四，每一代人的生活环境各不相同，而做人成事的规律、原则是相通的。儒道思想虽诞生于古代，书中的事例也多为史事，但对当代读者同样有极大帮助。如前四章可以启发年轻人做好职业与人生的规划，切合时代的需要；五、六两章为年轻人工作、创业、带团队、与人协作提供了必要的帮助；第七章随处可见传统文化中有关人才的选拔、培养与考核的智慧。凡此种种，读者皆可灵活运用。

南怀瑾先生讲述古代典籍的一大特色就是经史合参、知行合一，博杂的学问、义理的阐述，每每以历代史实、自身经验，以及他对人生、社会普遍规律的洞见为注解。在南怀瑾先生的讲述中，古代典籍不再是遥远过时的陈旧文句和了不相关的生硬理论，而成为我们可学可用的智慧启迪。

本书所收的文章，有的来自南怀瑾先生著作中的完整篇章，我们只在原文基础上精简行文、重分段落、重拟标题等。有的文章是从多部作品中摘选、衔接而成，以便用一篇文章较完整地讨论一个话题，为了前后衔接得当，个别语句的顺序、措辞有调整。每一篇文章之后，注明了所选素材的出处。

此书能够出版，承蒙南怀瑾先生嫡孙暨法定继承人温州南品仁先生与南怀瑾文教基金会的信任与支持，特此致谢！

北京磨铁文化集团股份有限公司

南怀瑾系列作品编辑部

目录

第一章　先树原则，再立目标

第六章　　再学怎么做领导

第七章　　领导力的核心是用人

引论一
谋略是一把刀，不能乱用

研究中国文化，古书上有几个名词要注意，如纵横之术、钩距之术、长短之术，这些都是谋略的别名。古代用谋略的人称谋士、策士或术士，就是拿出办法的人。譬如现在我们因为某一事件，向上面提出一个建议，这建议就是策。像宋代因时势的需要，改变了考试制度，应考文章中必须增写一篇策论，这就是看应考人对政治和时事的见解，对国家大事的认识。到清朝末年，提倡废除八股，一度又主张考试策论。

纵横之术，我国古代看不起它，术士也并未被列入正式学者之流，现代却什么都是术了。这种术的原则和精神，是我们今日所处的这样国际局势之中所需要了解的。一切工作，都必须有这样的精神和才具，抓得住别人的弱点，然后达到自己的目的，这是一个很高深的本事，可以说比做生意还难。

可是要注意，现在社会上兴起一股歪风，很多人喜欢讲"谋略学"，研究厚黑学、鬼谷子，七十二变、三十六计都拿出来了，还有人专门写这类的书，对社会青年坏的一面影响太多。

讲谋略学必须要严格地负责，因为谋略是一把刀，它的本身没有善恶，用得好是救人的，用不好，的确是害人的。我们受旧文化的影响很深，因果的观念根深蒂固，去不了的。假使有人听了以后，用来做了一件好事，或者害了别人，自己好像就会背上很大的因果责任，良心上很难受，所以觉得负担很重。

对于谋略，我们应该学，但不要乱用。为了救别人、救国家、救社会，不得已而用之则可。如果经常用这套整人，是不会有好结果的。用谋略有如玩刀，玩得不好，一定伤害自己。庄子说："且以巧斗力者，始乎阳，常卒乎阴，大至则多奇巧。"什么叫"以巧斗力"呢？这个巧是代表智慧，也就是谋略学，以寡击众，以弱击强，用长可以制短，用短可以制长，运用之妙，存乎一心。搞政治也好，军事也好，总而言之，人生处世，都要用巧力。可是以智慧来斗力，开始是阳面的，是正面的意图，最终必然会走到阴谋。所以对于用谋略的人，中国文化始终称他们为阴谋家。用谋略斗智，挖空心思整人，故意骗人，讲好话给人家听，害了人家，自己还在那里偷笑！越聪明的人，鬼心思越多，自以为高明，最后总是害了自己。

这六七十年来，每论团体或个人的经验，对于手段，谁都学会了，谁要玩几套手段，别人没有不知道的，一个比一个高明，谁都玩不过谁，玩到最后还是个笨蛋，所以还不如规规矩矩、诚诚恳恳的好。如果把真正的诚恳当作手段，这个手段还值得玩，这也是最高明的。只有老实人最可爱，讲道德的人才最可爱，最后的成功还是属于真诚的人的，这是千古不移的道理。我们从现实生活中，也可体会得出来。

（选自《历史的经验》）

引论二
谋略不是阴险的学问

我经常说，真正影响中国几千年历史思想与实际的是道家文化。中国历史上有一个不易的法则，每当时代变乱到极点，无可救药时，出来拨乱反正、勤王御寇、开基立业的，都是道家人物。但是他们完成使命之后，也不想在历史上留名，道家人物的一贯作风，正如老子所说"功成，名遂，身退，天之道也"。帮助人家打好天下，成功了，或在私人事业上，帮助别人发财，当上了老板，然后自己飘然而去。所以在历史上所谓建立功业的，多半归到儒家人物。

道家思想素来被认为是阴谋的鼻祖，可是要注意，不要把古代阴谋的"阴"与阴险相联起来，它的内涵不完全是这个意思。所谓"阴"，是静的、暗的，出之于无形，看不见的。

千古以来，许多人把老子归到谋略学的主流，认为老子的谋略学是阴谋之术。于是，一说到老庄，就联想到谋略；一说到谋略，就联想到阴险的学问。在读书的知识分子中，对于一个滑头滑脑、遇事不负责任，或模棱两可，善于运用拖、推、拉，或工于心计，惯用权谋，以及阴险、圆滑之人，也很容易加以一个评语——这是黄老。到了宋代，更惨了，宋儒理学家们尽管暗中吸收了老子的学术思想，以充实其内容，但一提佛、道，就两面并斥，甚之，将老子陷害为阴谋权术的教唆者。

这种观念，错误得很严重。

那么，这个道理何在？冤枉又何来呢？因为老子说过，"将欲歙之，必固张之；将欲弱之，必固强之；将欲废之，必固举之；将欲取之，必固与之。是谓'微明'"。于是，自老子以后的纵横家者流，阳言道义，阴奉老子的这种原则，用于权诈捭阖，作为君道政治上谋略的运用；兵家者流，更是通用如此原则，而适用于战略与战术的实施。春秋战国以后，王道衰歇，霸术大行，《国语》《战国策》所记载的钩距之术与后世所谓《长短经》的理论，都适用这种法则。所以一般人便在无形中综合纵横、兵家等权诈的坏处，一概归于老子的罪名中。

其实，老子所说的这些话，是指出宇宙物理与人事必然法则的因果律，告诉人们"天道好还""反者，道之动；弱者，道之用"的原理，如果不从自然的道德去做，而只以权诈争夺为事，最后终归失败。

老子是主张用阴、用柔，但是不要忘记，他和我们固有的文化、远古的源流——阴阳五行与《易经》诸子等系统是同一个来源。阴与阳，是一体两面，只是在用的层面有正反面的不同而已。无论用阴用阳，都要活用。换言之，要用活的，不用死的。所谓用阴柔，即不用刚强，不是勉强而为。一件事物的成就，是顺势而来。因此亦可以说，老子是用顺道，不用相反的逆道。过去以文字表达意义的方法，常用阴字来表达顺道，例如《周易》的坤卦就代表阴的顺道。

从历史上看，如道家出身的陈平，他帮助刘邦奠定汉朝四百年基业，刘邦有六次关系到成败的决策，都是用陈平的主意而获致成功的。但是历史记载，陈平自己说："我多阴谋，道家之所禁，其无后乎？"他断定自己将没有后代，至少后代的富贵不会久。后来果然如此，据汉代史书记载，陈平的后人到孙子这一代，所谓功名富贵，一切而斩，就此断了，他的曾孙陈掌，以卫氏亲贵戚，要求续封而不可得。从此一史实可以说明，道家并不专主阴谋，以为道家是阴谋家，尤其误会老庄思想是阴谋之学，是一种最大的错误观念。

《老子》《庄子》《列子》是道家的基本三经，它们都属于诸子百家之言，也就是"子书"。中国的子书，诸子百家之学，内容丰富，启发我们的智慧是很多方面的。要知道，孔子、孟子不过都是诸子百家里的一子，就是一家之言，只能说等于五个指头里的大指头，用得比较多，有力气。事实上，政治的一切应用是杂家，不能拿孔孟来代表全部的中华文化。

三经之中，《庄子》《列子》的思想更能代表道家，与一切政治、军事都有关系，与真正的谋略学更有绝对的关系。

《庄子》分《内篇》《外篇》和《杂篇》。学者们的考据，《内篇》真正是庄子写的，《外篇》跟《杂篇》是后世加上的，靠不住。但是大家不要忘记，对中国文化影响最大的是《外篇》。做皇帝的帝王之术，军事上的用兵之道等，真正能够运用到《庄子》的，历代每一个大政治家，乃至聪明的帝王、聪明的人物，都受了《外篇》的影响，可以说《外篇》是所有谋略学的始祖。只是大家都不说穿，把所有的罪过，一律向老子头上一套。

一般人之不大肯讲授《庄子》，和不愿意讲授《长短经》一样，学的人如果观念弄错了，就可能学得很坏。本身是教人走正路，可是揭开了反的一面给人知道，如现代李宗吾的"厚黑学"，目的是教人不要厚脸皮，不要黑良心，殊不知看了厚黑学的人，却学会了厚黑，变成了厚黑之人，那就很糟了。

列子名叫列御寇，以道家的传承来说，老子的道传给关尹子，关尹子传给壶子，壶子传给列子，列子以后是庄子，不过有些说法也不同。《列子》现在留下来的一共八篇。学术界认为这本书根本不是列子所作，而是魏晋人所伪造的。是谁的著作呢？并不知道。我们现在不讲考据，不管作者编者是谁，《列子》的内容很重要，这才是重点。

道家的哲学，《列子》达到了顶巅。可以说，《列子》传给我们的道，是形而下的入世之道，做人做事之道，也就是正统谋略，正统里的正统，谋略里的谋略。

它的文章很容易懂，进一步有好几个转折，先讲哲学的大原则，下面引用许多故事，每个故事所包括的意义都是既深且远，往往一段一段的故事摆在那里，每个故事好像都是独立的，其实都是从上面连续下来的，兜起来则是一篇完整的文章，是一个系列。《列子》只告诉我们故事，不做结论，这就是道家的哲学。因为结论在读者自身，每人应该有多方面的看法，可以做多方面的结论。读古书可以启发人的智慧，因为容许我们有多方面的思想。

（选自《列子臆说》《历史的经验》《老子他说》《庄子諵譁》）

第一章

先树原则，再立目标

同样的本事，为何别人成功，你就失败

《列子》记载了一个求学的故事。鲁国姓施的人家有两个儿子，一个学问好，一个军事好。学问好的这个跑到齐国去，齐王接纳了他，派他做皇室公子的老师。懂军事的这个去楚国献策谋，楚王很欣赏，任他军中的要职。这二人又有官位，待遇又高，十分圆满。

施家的邻居孟家也有两个儿子，所学的与施家一样，但孟家颇穷，看到施家二子都发达了，就很羡慕，于是到施家请教，如何才能进取得到富贵。施家二子把求职的方法和过程老老实实地告诉了孟家弟兄。

孟家一个儿子立刻跑到秦国，向秦王讲述他的高见，仁义如何，道德如何，都很正确高尚。秦王听了却说，目下各国都在争霸，主要的任务都在军事兵力以及粮食方面，如果我们只讲仁义，那会招致灭亡的。秦王讨厌孟氏子的建议，心中十分不快，把他宫刑之后才放走。

孟家另一个儿子到卫国献策，他大概有军事专才，但是

卫王说，我卫国是小国，在大国的夹缝中生存，对于大国我们是小心奉承的，对小国则是安抚的，为的就是求得平安无事。在两个大国之间生存，要建立自卫军队都不行，连警察的权力都不能加强，会被大国怀疑的，你老兄这一套，不是要我快点亡国吗？卫侯心想，这个家伙思想非常好，是个大将之才，我现在不听他的意见，让他随便走掉，到了别的国家，将来得志还不是来打我这个小国吗？于是就把他两只脚砍掉，变成残废人放回去。

这两弟兄遭遇那么惨，那么倒霉地回来，不但没有找到工作，还变成残废。所以孟家父子捶胸大哭，到施家门口叫，你害了我们，教得不对。

这个故事很妙吧！同样的家庭身世，同样的环境里出来，学同样的东西，人家干得这样好，这两弟兄却那么倒霉。这里头又产生一个现象，自己不成功就埋怨别人，可见人生怨天尤人是很平常的现象，觉得自己本事很大，都怪别人不对。

那么施家的人一听，头脑就比孟氏好。他说，你啊！真是不懂，时间不对，得不到机会；有同样的本事，眼光不对，机会也把握不住，只能怪你运气不好。注意哦！人生一切的境界，天下大事，都是一样，时间、空间都是条件，机会来了要知道把握，机会过了，你在后面赶，那没有不失败的，当然把握得不对也不成功。你们家两个弟兄，所学的与我们一样，我们成功了，你们失败，什么道理呢？就是不晓得把握时间，对环境、机运不了解。譬如大家在学生时代都晓得电脑的发展好，也有人学会了电脑找不到工作的，什么原因？要自己反省。如果跑到乡下去，见人正拿着锄头挖地，你告诉那些人我是学电脑的，来帮你好不好？他一定不要，因为不合时宜，这就是"失时者也"。不是赶时髦就一定成功，并不是说你的学问不对，是你用的时间不对，机运错了嘛！

最重要的还不止此，施家人接着说："且天下理无常是，事无常非。"天下是非是没有一定的，某一种原则、道理，某一件事，过去非常重视的，现在可能无用，已经落伍。但是，你也不要认为你学的东西落伍。"今之所弃，后或用之。"孔子也讲过"古之学者为己，今之学者为人"，古人是为自己而求学问，我的兴趣所在，我必须要努力才有成果，当父母的不要勉强他。你不要认为这个孩子学了这个，三千块钱一月的工作也找不到，说不定二十年以后，给他几万块钱还不干呢！走运了，那个时候和现在所抛弃的，将来也许有大用，这个很难讲。我常说学医的人，现在未必就那么前途无量。时代不同，所以为了要发财去学医，错了；要救世救人去学医，对了。

（选自《列子臆说》）

持身是成事的前提

子列子学于壶丘子林。壶丘子林曰："子知持后，则可言持身矣。"列子曰："愿闻持后。"曰："顾若影，则知之。"列子顾而观影：形枉则影曲，形直则影正。然则枉直随形而不在影，屈申任物而不在我。此之谓持后而处先。

——《列子》

壶丘子林是列子的老师，道家的一个高士。他告诉列子一个原则，"子知持后，则可言持身矣"。"持身"就是如何保持身心，如何建立和爱惜你的生命，同时也有第三个意义，就是"立身处世"，一个人活在世界上，如何站起来，在社会上有所建树。不管你学问的成就如何，官做到多大，财发到多少，一切功名富贵都不是事业，那只是职业问题。

什么叫作事业呢？孔子在《易经·系传》里下的定义，"举而措之天下之民，谓之事业"。一个人一生的作为，能够影响社会国家天下，这个叫事业。至于上当皇帝，下做乞丐，只是职业不同。我们常把职业跟事业两个观念混淆了，问你做什么事业，实际上是问做什么职业。有事业的人才叫作站起来的人，叫作"立身"，顶天立地，站在天地之间，不冤枉做一个人。"处世"就是怎么活得有价值，活得很合适，受人的重视爱护。"立身处世"就包含了《列子》的"持身"观念。

壶丘子林告诉列子"知持后"这句话，真正的意思是告诉他，一个人讲一句话，做一件事，都要晓得后果。譬如买股票，也许赚大钱，也许蚀本，后果是非好坏，事先已经很清楚，这叫作知道"持后"。有这样高度智慧的人，才可以言"持身"，才懂得人生，然后就可以了解"立身处世"了。

壶丘子林说，你回头看看你的影子就知道什么是"持后"，这是很好的教育法。一个名词或一个高深的哲理，不须讲理论，回头看看影子就知道了。所谓"形"就是身体，"枉"是弯起来，形体一弯，影子也弯，枉跟曲是同一意义，用法不同。身体站直了，影子也正了，影子跟着身体走，本身没有作用。"屈"是弯下来，"申"就是伸直，"任物"是跟着物质体而变化，做不了主。懂了这个道理才懂得"持后"之后"而处先"，这个结论引出道家祖师爷老子"后其身而身先"的思想。道家认为人毕竟是自私的，不自私不叫作人，不过人要完全自私，必须先要大公。做领袖的人、带兵的人乃至当家长、班长都要懂"后其身而身先"，利益先给别人，自己放在后面，最后的成功才会是你的。如果碰到利益、机会，自己先抓，最后不但失败，恐怕这一条命也会丢掉。所以，危险事自己先冲锋，尤其一个好的带兵官，什么艰苦都是自己来，你一上前，后面就统统跟着上，如果你叫别人去打，自己向后面倒退，你就完了。

这个思想观念在我们文化里，也有范仲淹的千古名言"先天下之忧而忧，后天下之乐而乐"，表示应该如此立志，才是知识分子的气度。自己挑起天下一切痛苦，眼光远大，帮助社会国家，天下安定了，大家都得到安乐，然后自己才敢求安乐。

一个人做一件事、讲一句话，就像是自己的第二生命，因为大家都看到他的影像了。事情做错了，中国的社会习惯，不大喜欢当面说穿，背后一定批评，这就是你的影子。所以我们做任何事都要顾到后影如何，所谓历史上万世留名，名就是个影子，这个影子究竟好不好，在你做的时候就先要考虑，这也就是"持身"。

所谓"枉直随形而不在影"也告诉我们，人生想要完成一件了不起的事业，暂时别管一切难堪与批评，因为一般人只看最后的结果。譬如要建一个伟大的建筑，必先破坏很多东西，当时一定遭遇许多困难，万人唾骂；等到建筑完成，大家说你很伟大，尤其后来人会说我们祖先多伟大。所以我们晓得，做一件大事，立一件大功，所遭遇的这些都是影子，如果要顾全影子的弯曲，就不能做事，从生下来就躺在床上睡觉，睡到殡仪馆为止，那绝不会遭遇做事的痛苦。

人们对你的批评阻碍，长官及父母对你的不了解，当时的确是委屈，但是人要有独立人格，要建立非常之事功，就要记住"屈申任物而不在我"，外面的环境是外物，我始终要独立而不遗，顶天立地站住。壶子说，懂了这个道理，知道"持后"，了解"后其身而身先"的道理，才可以建立一个事功，做一番事业。

（选自《列子臆说》）

要自重不要自尊

我们人之所以有文化，尤其是中国文化，就是要扶助弱小，看到可怜的就要帮助，这是仁爱慈悲，是人文文化的真谛。以《列子》看来，"胜者为制"那是禽兽哲学。日本人翻译叫"达尔文"，我常常想，要翻成"达尔昏"才对，昏头昏脑，没有搞清楚。的确宇宙间是弱肉强食，不但动物如此，植物世界也是这样，整个宇宙所有生物都是以强凌弱。但是人类文化教育我们对待弱者更要爱护、保护，使他生存，这是人文文化同禽兽文化不同的地方。

"人不尊己，则危辱及之矣。"一个人活在社会世界上，不受人尊重是危险的，也会遭到耻辱。人要能够牺牲自我，帮助别人，爱护别人，更要帮助危难中人，才能得到别人的尊敬。所以得来不易，代价也不小。拿佛家讲就是慈悲，儒家来讲就是仁义。

说到"尊己"，有两个翻译名词非常不好，一个是"自尊心"。什么叫自尊心？就是我慢，傲慢，在我们自古的文化里是不用这个名词的，因为会使人走上错误的路。另外一个是"值得我骄傲"。中国人如果自己骄傲，那是很可耻的。其实是翻译得不通，西方文化当年翻译过来，不是学问很深的人翻译的，都是年轻懂几句洋文随便翻译的，后来用惯了。其实中国人不会说自我骄傲的，而是用四个字"足以自豪"。"自豪"两个字就对了，"骄傲"就不对。自尊心的翻译，应该是"自重"，就是孔子讲的"君子不重则不威"，自己尊重自己才是自尊嘛！当年因为翻译不慎重，东西的文化都没有通，看起来是个小事，却影响我们国家民族文化之大无与伦比。所以你们做翻译的要特别注意，不要随便翻。

所以人真想得到别人尊重，先要自尊，拿现在话讲，就是自重；更要先尊重别人，别人才会尊重你。如果骂人，讨厌别人，以为是自己的自尊心，拿宗教来讲，别人都逃避你，你已经陷入了孤立地狱，自己还不知道。所以，不尊重人而希望人尊重你，那是不可能的。人要读书，读书不是为知识啊！是要回到自己身心上用，这才叫学问。

（选自《列子臆说》）

要不要做一个名人

　　杨朱游于鲁，舍于孟氏。孟氏问曰："人而已矣，奚以名为？"曰："以名者为富。""既富矣，奚不已焉？"曰："为贵。""既贵矣，奚不已焉？"曰："为死。""既死矣，奚为焉？"曰："为子孙。""名奚益于子孙？"曰："名乃苦其身，燋其心。乘其名者，泽及宗族，利兼乡党，况子孙乎？"

——《列子》

　　杨朱也是周游各地到处讲学的，这个风气从孔子开始。杨朱到了鲁国，寄居在孟家（不是孟子家），鲁国孟家也是大族。孟家人向他请教，一个人啊，做人就做人，为什么要求名？尤其现在社会，很多年轻人都想要知名度，人为什么要知名度？

　　杨朱说，人求名是为了发财，有了名就有钱。

　　孟家人又问，既然求名是为了发财，有名也有钱了，人生不也就可以了吗？

杨朱说，有了名，也有了财，下一步就是为了显贵，人的欲望一步一步提高。有名有钱，但社会地位不高，进不去高阶层的社会，所以要求贵。而自称学者的人，认为有钱有名又算什么，理都不理人。可这些学问好的所谓有名学者，在富贵人家看来，是茅坑里的石头，又臭又硬，所以到了名利场合，看到是个教书的，也看不起。这个社会就是这样，很奇怪。可是这个人假使又有名，又有钱，又显贵，又有学问，我看很严重了！这个人恐怕要神经了，因为样样都吃得开。

　　所以他这里问，既然有名有钱又显贵，人的欲望为什么不停止啊？还要追求什么？杨朱回答，为了死。既然死嘛大家都要死，人生到了尽头，还有什么要追求的？杨朱说，为子孙啊！这就是一般人的思想。杨朱并不主张这样，只是说一般人的思想都是这样。

　　那么孟先生又问了，开始人为了求名，去高考啊，尤其现在的家庭，硬要逼孩子高考，结果考焦了还在考，眼睛都考成近视了，考到出国留学，回来，公务员也要吗？不知道。所以孟氏提出来，这个名对于后代子孙有什么利益？这是讽刺的啊！讽刺世界上的人，究竟是为了什么。

　　杨朱说，求名太痛苦了，一天东跑西跑的，你看名气越高的，作秀的地方越多。作秀是外来文化翻译过来的新名词，这里讲演，那里讲演，这里唱歌，那里演戏，越来越苦其身体，思想痛苦得像烤焦了一样，身心都憔悴。

所以在社会上名气大并不痛快，的确是"苦其身，燋其心"这六个字。但是，有了名的人，名只是个工具，是个敲门砖，有了名就能"泽及宗族，利兼乡党"。我们中国文化三千年的教育始终都在这里转，一直到高考，都是教育上的错误，是民族文化思想错误的地方。我说中国文化三千年错误，是从有家庭制度以后，就是重男轻女，生了儿子以后望子成龙，成龙的办法呢？"万般皆下品，唯有读书高"，这是我们小时候就开始念的，现在则是"万般皆上品，唯有读书低"，因为时代不同了。那么要求名只有读书，书读好了以后干什么呢？就要考取功名，所以"十年窗下无人问，一举成名天下知"。有了名就有官做了，升官就可以发财，这都是连着的，一路的思想。

我们仔细检讨，讲起来很好听，我们的文化思想，知识分子几千年来没有脱开这个范围，没有说真为学问而学问，为人生而研究知识，那是高调。真正的实际状况就是这样，功成名就，同宗亲戚朋友都沾到利益了，地方都大受其光荣，子孙后代更得其利益。

"凡为名者必廉，廉斯贫；为名者必让，让斯贱。"曰："管仲之相齐也，君淫亦淫，君奢亦奢，志合言从，道行国霸。

死之后，管氏而已。田氏之相齐也，君盈则己降，君敛则己施，民皆归之，因有齐国；子孙享之，至今不绝。"

孟先生又说了一个问题，"凡为名者必廉"，真正求名的人，自己的修养必然很廉正，譬如孔子、老子、释迦牟尼佛，都放弃了名利，结果反而给人捧去当教主，不求名而名自至。所以真正的求名就是宗教家，一定清廉，一定清高，但一定很穷。还有第二个要点，"为名者必让"，真正为名的人，他的道德修养、学问必然谦退、谦虚。学问好的人一定是处处谦虚，利益让给别人，自己退一步。退步太过分了，自己就没有地方住了，愿意走到最低贱的地方。

它的文字连起来，为名为利正反两面都有，所谓"乘其名者，泽及宗族，利兼乡党，况子孙乎"，这是为名利的，可以说是真名的反面，我们一般人就在这个反面。而杨朱思想指出来的真正为名的人，则是走道家路线，"凡为名者必廉，廉斯贫"，一定是走清高的路线，但是贫苦；"为名者必让，让斯贱"，所以道家愿意处于下流，这个下流不是普通讲的下流，是人所不要的位置我来坐，一切都让给他人，就是这个结果。

名利的范围扩大来讲，就是后世讲功名富贵的道理。他这里提出了一个历史问题，说明名利的范围、人生现实的现象。我们晓得历史上齐桓公称霸是管仲这个有名宰相帮忙而成的，"一匡天下，九合诸侯"，管仲使他的老板在当时的国际上多次成为联合国权威的真主，领导天下。管仲是了不起的人，他比孔子早了一百年左右，孔子都很佩服他。

"君淫亦淫"，古代淫是过分的意思，不是黄色。齐桓公是春秋五霸之一，但他不是个好君王，本来就是个太保，又好吃，又爱喝酒，反正烟酒赌嫖样样都来。管仲帮助这样一个老板很难办，这要有方法。所以孔子很感叹，说管仲命不好，如果碰到一个好老板，他的功业在历史上不止这样，可以同姜太公媲美的。可是他的对象就是这个人，没有办法，只好跟着他跑。所以他自处之道，老板喜欢奢侈，他也跟着奢侈；齐桓公讲究吃，他也讲究吃。其实管仲不一定想这样，这个里头是人生之道，是所谓君臣之间一个大学问，不是迎合，不是拍马屁，但是不能不做同道，否则没有办法合作。管仲跟齐桓公君臣之间思想一致，利害相合，他的话没有一句不听的，因此管仲的政治思想大行于天下，在国际上称霸。

志合、言从、道行、国霸，这四点都很难。我们做一个普通人，做一个生意人，经理跟董事长两个人能够志合的都很少；老板想找一个志合、言从、道行的都找不到；有才能的人想找一个能够做到这四点的老板，似乎也不可能。

譬如诸葛亮帮忙刘备，但是刘备对诸葛亮这四点都没有做到。志不一定合；言从，刘备有时候听，有时候不听；道行，也并不一定行；国霸呢？没有霸起来，三分天下只据其一，所以并不高明。真高明的是管仲，他做到了，诸葛亮跟刘备做不到同路人，因为诸葛亮有诸葛亮的风格，刘备有刘备的作风，这两人不同。

"管氏而已"，古文就是那么简单，包括意义很多，他说管仲死了以后就为止了，下面没有了。管仲的儿子叫什么？不出名了，到他这一代而已。"田氏之相齐也"，齐国山东姓田的是名家，几千年了，实际上田家的田完敬仲，原来姓陈，是从陈国逃过来的，在齐国落籍。在战国时，孟子见的齐宣王已经不是姜太公的后人了，是田家篡位，把齐国拿下来自己当了君王，三代以后就是齐宣王。田氏也同管仲一样做了齐国宰相，他的做法不同。君王非常傲慢，等于西方亚历山大那个样子，暴躁，专权统治。但是这个田常为相就谦虚起来，权力给君王一个人。这个君王不但权力集中，而且经济集中，很悭吝用钱。田常则相反，爱布施，所以所有人都归心投向田家了。因此到了相当的时间，他把君王拉下去，自己做了齐王，也是延续了一两百年，"至今不绝"，到了战国的时候还没有完。

"若实名贫，伪名富！"曰："实无名，名无实；名者，伪而已矣。昔者尧、舜伪以天下让许由、善卷，而不失天下，享祚百年。伯夷、叔齐实以孤竹君让而终亡其国，饿死于首阳之山。实伪之辩，如此其省也。"

这样看起来，对于名与利的研究，很难下定义。孟氏说，一个人有了好的名誉，名誉里头有差别啊！伪善的人非常多，处处做善事，非常谦虚，非常客气，又信宗教，谁看到他都说是善人，但是有许多是假冒的。也有些人看起来很暴力、很坏，但是很直爽，却是真善。所以这个善名所包含的内容及真假、实际与否，其中大有差别。事实上，真正流传万世之名的，忠臣、孝子、宗教家、有学问的人等，都是穷苦一生。包括现在清高的艺术家、文学家、学问家，真求实际之名，想留千秋万代的名，这些人的人生境界一点都不马虎的，一生清苦。而那些假冒伪善的，就像田家一样，开始看不出来，最后富有四海，把人家的国夺过来自己做老板，这又是什么道理？

所以杨朱讲到真正为求万世之名的都很苦，除了历史上崇拜的这一些名臣外，很多人死了连棺材都没有，可是却留万世之名。那么杨朱的哲学来了，"曰：'实无名，名无实；名者，伪而已矣。'"，社会上有名的，不管哪一种名气，照杨朱哲学来讲，包括了一切宗教，一切学者，任何一种名气，

"实无名"，如果真实为道的话就没有名，名是假东西。

这一点我们光看佛、道两家。佛家出家当比丘，也叫和尚，女的叫比丘尼，也叫尼姑，因为不要名，所以随便取一个名字，什么观啊、圆啊、慧啊、定啊，反正翻来覆去，那几个字摆来摆去，无所谓，挂一个标记就是，心里没有名的。如果我们真的要出家，还求这两个字的名吗？那就不对了，那恐怕要再出一次家了。道家的人也这样，所以中国道家的修道人，本名不知道了，自己随便取一个什么子，姓氏不知道，或者装疯卖傻。道家跟佛家的高人死了不知所终，究竟死了没有，考据不出来，名更不要；凡是留下名来的都是不真实的，都有假，都有问题。这是他对于历史哲学的批评。

（选自《列子臆说》）

能受多大委屈，就能有多大成就

议曰：太史公曰："魏豹、彭越虽故贱，然以席卷千里，南面称孤，喋血乘胜，日有闻矣。怀叛逆之意，及败，不死而虏，因身被刑戮，何哉？"

——《长短经》

刘邦、项羽楚汉之争的时候，魏豹和彭越这两个人，有部队，能作战，是名将，举足轻重，靠向谁，谁就获胜。萧何、张良、陈平这几个文人，用反间计掌握了这些摆来摆去的人。但是魏豹他们都是太保、流氓、土匪出身，有如民国初年各地军阀，贩马的、卖布的出身，可是已经能席卷千里，南面称王，力量稳固以后，带了兵，喋血乘胜，天天都是得意的时候。这种土匪、流氓出身，投机起家的分子，始终怀叛逆之意，始终不安分，唯恐天下不乱，因为在乱世他们才有机可乘，才有办法。等到失败了，这种人不会自杀而宁愿被俘虏，身遭刑戮而死，这又是什么道理？

"中材以上且羞其行，况王者乎！彼无异故，智略绝人，独患无身耳。得摄尺之柄，其云蒸龙变，欲有所会其度，以故幽囚而不辞云。"此则纵横之士，务立其功者也。

《长短经》的作者赵蕤说，像这样的行径，就是中等以上的人，都会觉得羞耻，而更高的王者之才，更不会这样。如项羽失败了，就以无面见江东父老而自杀。但这些人失败以后，不死而虏，落到身被刑戮的结果，没有别的缘故，他们自视有智慧才略，所以愿意被虏，希望将来还能够上台，抓到兵权或政权，实施理想，云蒸龙变（根据《易经》的道理，"云从龙，风从虎"，老虎来的时候，会先有一阵风，龙降的时候，一定先起云雾。所谓云蒸龙变，就是形容一个特殊人物出现时，整个社会都会受影响而转变）。这就是贾谊所说的"烈士殉名，夸者死权"的心理，只想自己如何建功立业，受什么委屈都可以，绝对不轻易牺牲。这也就是乱世多纵横捭阖之士的功利主义。

或曰："季布壮士，而反摧刚为柔，髡钳匿匿，为是乎？"

大家都知道"一诺千金"是季布有名的历史故事，这位先生是了不起的。他年轻时是一位非常有号召力的游侠之士，后来跟随项羽，作战非常勇敢。有一次把刘邦打垮了，追击刘邦，差一点就可以砍到刘邦的马尾。后来刘邦得了天下，最恨的就是季布，所以悬重赏缉捕季布，同时下令，藏匿了他的要诛全族。在这样严缉之下，季布就到山东一位大侠朱家那里卖身做佣人。

朱家一见季布，就看出来了，把他收留下来。到晚上再把季布找来，要他说老实话。季布说，你既然知道了，就随你办，向刘邦报告，就可以得重赏乃至封侯。朱家安慰他，绝对不会这样做。同时告诉季布，这样逃匿不是办法，总有一天会被发现。朱家本来就和刘邦这些人很熟，他和季布商量，将季布扮成车夫，带他去见刘邦。

到了洛阳以后，这一班帮助汉高祖打天下的老朋友都宴请朱家，问他来有什么事，当然，都知道他不想做官，也不会要钱。朱家就要他们转告刘邦，季布这个人，年轻有为，是个将才，是个可以大用的豪杰之士。当年和项羽打仗的时候，季布追杀刘邦，是各为其主。项羽完了，就不必再视季布为仇敌，现在通令全国抓他，这样逼迫，他被逼紧了，不是向南边逃到南越，就是往北边逃往匈奴（因为那时刘邦所统一的天下，只限于中原一带，至于长江以南的两广、云贵一带，南越王赵佗是和汉高祖同时起来的，虽已称臣，并未心服；北方的匈奴也随时要侵犯中原的），这样平白送给敌人一名勇将，增加一个最大的祸患，这又何苦？这班大臣向刘邦报告，刘邦听说是朱家来说的，就取消了通缉令，并且给季布官做。

后来，季布又成了汉朝大将，而且非常忠于汉室。可是如果没有朱家这一次出来说话，还是不行。而朱家说妥了这件事，仍然回山东过他的游侠生涯去了，不要功名富贵。所以侠义道的精神，在中国的历史上始终是存在的。这里是说，季布失败以后，毫无办法，英雄豪气都没有了，变得窝囊得很，把头发剃光，什么苦工都做，偷偷摸摸过日子。以中国文化精神来说，一个真正的英雄壮士，失败了就自杀算了。季布既是壮士，失败后却窝囊地过逃亡日子，这是对的吗？

对于上面这种一般看法的问题，赵蕤引用司马迁的话作答案：

司马迁曰："以项羽之气，而季布以勇显于楚，身屡典军搴旗者数矣，可谓壮士。然至被刑戮，为人奴而不死，何其下也。彼必自负其材，故受辱而不羞，欲有所用其未足也，故终为汉名将。贤者诚重其死。夫婢妾贱人感慨而自杀者，非勇也，其计尽无复之耳。"

司马迁说，当项羽与刘邦争天下的时候，以项羽那种力拔山兮的气概，而季布却仍然在楚国能以武勇显名于天下，每次战役带领部队做先锋，身先士卒，一马当先，多少次冲入敌阵，夺下对方军旗，斩杀对方将领，可说是一个真正的壮士。可是等到项羽失败了，却又甘心到朱家那里当奴隶，而不自杀。从这点看起来，季布又多么下贱，一点壮志都没有。

其实，季布这样做法，并不是自甘堕落，他有自己的抱负，自认有了不起的才华，只是倒霉了，当初找错老板，心有不甘。项羽失败，他愿意受辱，并不以为羞耻，因为还是要等待机会，发展自己的长处，所以最后成为汉代名将。由他的经历做法，就看出他的思想、抱负，他觉得为项羽这种人死太不合算。一个有学问、有道德、有见解、有气派、有才具的贤者，固然把死看得很严重，但是所谓"死有重于泰山，有轻于鸿毛"。并不像一般小人物，为了一点小事就气得上吊。这种人觉得没有办法再翻身，走绝路了，心胸狭窄，所以才愿意自杀。而怀抱大志的人，虽然不怕死，但还是要看死的价值如何，绝不轻易抛生的。

（选自《历史的经验》）

每天急急忙忙，恰恰得不偿失

道常无为而无不为。侯王若能守之，万物将自化。化而欲作，吾将镇之以无名之朴。镇之以无名之朴，夫将不欲。不欲以静，天下将自正。

——《老子》

老子说道体永远是"无为"，它的用则是"无不为"，意思是无所不起作用，处处起作用。几十年前有一个讲中国哲学的了不起的名家，他解释道家的"无为"，主张中国的政治思想，做领袖的人要"万事不管"。其实老子的"无为"并不是万事不管，"道常无为而无不为"这句话正是样样都要管。

做人做事就要懂得"无为而无不为"的道理，也就是要有先见之明。乃至缝一件衣服，买一把扇子，对于将来毛病会出在哪里，事先就要知道，要看得很清楚，要有远见。对于未来可能出问题的地方，须尽可能地先做好防范措施，使问题不致发生，这样做起事来，好像没有做什么一样地平顺。

也有许多学了老庄的人，做起事来不会应用，凡事不晓得预先安排，观察得又不仔细，临事急急忙忙，拼命赶，乱忙，看起来好像很勤快很努力，其实以道家看来，就是愚笨。道家做事，有远见，有计划，事先准备妥当，临时不会慌乱。

"无不为"并不是乱来，而是"万物将自化"。换句话说，真做到无为，许多不想要的偏偏会来，天地间的事怪得很，你不要的它偏要来，你要的却跑掉了，这在佛学上说得最具体。佛是从另一个眼光看的，说人生有八苦，像"求不得苦"，你所希望的，永远达不到目的；"爱别离苦"，你所爱的，想抓得牢牢的，它偏要跑掉。其实，你看通了人生的道理，只要抓住了无为，真放下了，你不要的它偏来；你所希望的，它也归到无为里去了，那就是万物的自化。

"化而欲作"，如果在这个清静无为之中想起作用，就要晓得"用"的道理，也就是我们经常引用禅宗临济祖师的一句话，"吹毛用了急须磨"，就像一把利刀或利剑，拿出来用过，不管是裁纸或者是剖金削玉，只要用过，马上就要再磨，保持它的锋利。所以，在用的时候，如果要想取之不尽，用之不竭，"镇之以无名之朴"，就要永远保持原始的状态。用久了之后，现象也变了，那就完了。

什么叫"无名之朴"呢？就是自己没欲望，无欲无依。

佛家叫作"空"，无所求，没有任何的欲望，无所依，一切都空了，不成佛也就成佛了。如果佛坐在那里，真觉得自己成佛了，心里念着"我成佛了，我要度众生"，那他多累啊！佛没有这个念头，他是念空。

"不欲以静"这四个字很妙，可以做两种解释。一种是完全无欲，自然静定，则"天下将自正"，所以没有欲望自然静。第二种是如何做到"不欲"，那就必须先做到静。老庄的文章，就像禅宗的话头一样，八面玲珑，这面能说得通，那面也能通，都是一样的道理。

做人做事创业，也是同样的道理。如果一直急急忙忙，天天发疯一样，执意非要成功不可，对不起，到了最后算总账的时候，恰恰是不成功。这也就是柔弱胜刚强的道理。做事情能够勤劳，一念万年，细水长流，无所求，不求成果，亦不放弃努力，最后一定是成功的。

（选自《老子他说》）

人生最高的勇气是慢一步

> 勇于敢则杀，勇于不敢则活。此两者，或利或害。天之所恶，孰知其故？是以圣人犹难之。天之道，不争而善胜，不言而善应，不召而自来，繟然而善谋。天网恢恢，疏而不失。
>
> ——《老子》

老子的话非常平凡。西门町有些人被多看一眼，就会一刀刺过去，这些人都是"勇于敢"，结果自己犯杀人之罪。所以粗暴不是真勇，老子说的勇是真勇气，如果没有智慧的判断，没有道德的修养，什么事都敢，那就会变成糊涂的废人。当然，年轻人都可能犯下这种错误，自认为很高明、很勇敢，什么事都敢做了再说。但是，天下事不能做了再说，最好是说了慢慢做；先把道理搞清楚，再慢慢做。年轻人固然不怕错，只要知错能改，但有时想改也改不过来，尤其历史上的错误，没有机会改过来，所以"勇于敢"的结果是"杀"。

应该勇于什么呢？人生最高的勇气是慢一步，事先问一下，有没有把握。多考虑一下，就是勇气。看见地上有一沓钞票，只要拾起来无人看见，当然就是我的了。如果"勇于敢"，说不定刑警在后面，误认你是小偷。如果"勇于不敢"，这个钱拿与不拿，再多考虑五分钟，结果就可能不同。可是"勇于不敢"是很难做到的，有时候被人骂懦弱，若怕被人骂变成"勇于敢"就完了。

"勇"是勇气，"敢"是决断。有时候讲，贸然有勇气地下决断，并不是一件好事；有勇气把事情办得圆滑一点，迟一步多考虑比较好，也就是说拖一下不算坏事，但有些事情绝对不能拖。那么拖与不拖，以什么做标准呢？其实上帝都做不了标准，是利是害不一定，老子只能讲到这里，因为这完全是智慧的决断，要真正的智慧才可以决定取舍。

（选自《老子他说》）

第二章

先懂规律，再谈手段

要成就一番事业，先懂器与时的关系

易曰："公用射隼于高墉之上，获之，无不利。"子曰："隼者，禽也。弓矢者，器也。射之者，人也。君子藏器于身，待时而动，何不利之有！动而不括，是以出而有获，语成器而动者也。"

——《周易》

孔子以为，一个人要成就一件事业，非要有自己的本事不可。有了学问，有了能力，就是所谓"藏器于身"。绝不能靠人啊！如果你说有个朋友很能干，有个老师会帮你，或者你有个好太太，那你已经注定要失败，因为这个天下不是你打来的。要注意这个"藏"字，深藏不露，有器不用可以，但不可无器。

所以当领袖的人要样样都行才可，你不行的我都会。如果你以为当领袖的人可以不必懂，反正都是别人做的，当领袖的都是无为的，那是你没有把书读通。无为是无不为，没有不能为的。唐太宗样样都行，书法好，武功好，论诗也比别人高明，那真是天才儿童，样样都好，所以唐代的文化那么盛。因为唐太宗行，才有那么高明的部下，这就在于上边的领导。

第二还要有机会。你有了本事，机会未到，命运未到，我看还是跟我一样，教教书算啦！跷起二郎腿，在茶馆里吃吃茶、吹个牛，还有人听听；如果说评书，还可以混两个钱吃烧饼。你说你本事很大，但这个时代不属于你，命运不属于你，那没有用的。

有一位八十多岁的老朋友，二十多岁时就知道这个时代已不属于他啦！所以拱手拜拜再见，不属于我的，争亦无用。就像打牌一样，每一个人都有赢钱的希望，但个个也都有输钱的可能，这一张不可知的牌究竟到了谁的手里？不知道。但是有先见之明的人就知道。这张牌既然不会到我手里了，要我付出太多的代价去碰运气，算算还是划不来，我不干。当年读一首诗，"泽国江山入战图，生民何计乐樵苏。凭君莫话封侯事，一将功成万骨枯"，就是这个道理。时代不属于我，明哲保身算啦。时代属于我，当然也不可坐而不动。如果你放弃时代而不干，同样也是罪过。你不干，别的人上来干的话，也许死的人会更多。从前历史上的人物，因一念之间的慈悲，不忍杀一个人，结果贻误天下苍生。"动而不括"，不动则已，一动就是全面的。"是以出而有获"，一件事情不做则已，一做就要有成果。构成了这些条件，便可以"获之无不利"了。

我们看项羽刘邦出来争天下，两个人都想当皇帝，但是成功的还是有他的条件的。朱元璋当了皇帝，下朝回宫，大腿一跷，跟他太太说："当年当和尚，讨饭都讨不到，几乎自杀，想不到今天会当皇帝。"这是真话，汉光武也讲过类似的话，当年出来并没有想过当皇帝，只求自保而已。为了自保，长期地奋斗，时势造成了后来的结果，当然也因为他是"藏器于身"的人。

（选自《易经系传别讲》）

人生的第一步，看你怎么站

"同人，先号咷而后笑。"子曰："君子之道，或出或处，或默或语。二人同心，其利断金。同心之言，其臭如兰。"

——《周易》

"同人"是《易经》的卦名，由天火两卦组成，叫天火同人。"先号咷而后笑"是同人九五爻的爻辞。九五爻的位置很好，是帝王的位置，不能再高了，再高就是太上皇了，那就完了，无路好走。九五爻得其位、得其时。人生一切最好的就是得其时、得其位。位就是空间，宇宙间的一切脱离不开时位，不得时位，什么都没有用。这里所谓的时，意思就是运气。光有运气，没有位也不行，等于人家请客吃饭，请帖上请到你，你跑错地方了，那个房间没你的座位，照样吃不到东西。

我们看《易经》一个卦，要从多方面去看它。譬如一提到天火同人卦，便要马上想到它的综卦是什么、错卦是什么。

同人的错卦是地水师卦，综卦是火天大有卦。

所谓错卦的道理，就是立场相同，目标不同，两个观点的方向不同，经纬度不同。譬如两个人都是股东，但利害关系不同，对外想公司发财，这个立场一样，发了财就不同了。所以一个长官的看法与部下的看法绝对两样，父母的观念与子女的观念也不同。这不是代沟，我国没有代沟这个名词，这是一般人跟着外国人乱讲，只是角度问题，不是代不代、沟不沟的问题。

做生意，公司开始时，所有的股东大家观念一致、决心一致。但当公司一旦发了财，到了年终的时候，大家肚子里有个机器，你动你的脑筋，我打我的主意，就有问题了。公司的职员刚进公司来，你把他录用了，非常感激，慢慢地认为是当然，后来便感觉是应该，最后便格老子我给你卖了命，你对我还这样，便成了仇恨。这是人生的几个阶段，是确定的。无论人或事，到了某一阶段，他的内部便要起变化。

"先号咷而后笑"，孔子说这现象是形容君子之道。所谓君子与小人的差别，没有绝对的界限。君子随时可以变成小人，小人有时候也会有君子之道，所谓盗亦有道。世界上哪个是好人，哪个是坏人，很难分别出来。好人有时会很坏，因为好人那个好太好了，好得让你受不了，比坏人还令你难过。因为他是个好人，很固执、很呆板。你叫他转弯，他转不了弯的，那比坏人还难办。所以君子与小人是卦中的代号，好与坏很难辨别，只能从他的言行中去辨识理解。

孔子对君子之道所下的断语是"出、处、语、默"四个字。真正人生的问题就是出、处的问题，尤其是在动乱的时候、政争激烈的时候，你出不出山？这一步很难。出处问题是人生的第一步，看你怎么站。人生第一步很难啊！这要有高度的智慧才行。我们研究《三国志》诸葛亮的本传，知道曹操也在拉他，东吴也想用他，很多人都在拉他，但他却高卧隆中不出来。第一步看准了再站出来，这就是出的问题；不对了便回去，这便是处。所以君子之道的出处，该进该退？该说不该说？不该说时一个屁都不放；该说的时候虽千万人吾往矣！丢了性命也不在乎，非讲不可。语默之间、出处之间，都是相对的，这就是错卦、综卦的道理。

（选自《易经系传别讲》）

老子讲的是规律，而不是心机

> 将欲歙之，必固张之；将欲弱之，必固强之；将欲废之，
> 必固举之；将欲取之，必固与之。是谓"微明"。柔弱胜刚强。
> 鱼不可脱于渊，国之利器不可以示人。
>
> ——《老子》

老子说"将欲歙之，必固张之"。一个东西要把它收紧，必定要先使它放大；后世的用兵作战，以及政治军事谋略等，经常看到这样运用。要使它衰弱，必先使它强大；要想把它废掉，故意先培养它，使它兴旺起来；要把它抓过来，得故意先行给予。从文字上来看，颇像前面解释的阴谋。

许多历史上的人物都学老子，但是学到负面去了，结果做人刻薄，做事厉害，好像都是坏在老子的这些观念上，认为天下的大计谋、大谋略、一切的心机手段，都由此而来。

其实，这是大家冤枉了老子，他是"执大象"，讲的是天下的大道理，正面的道理，也是自然的道理，自然的法则，

同时教人看通因果，强调因果律的可怕，所以要注重道德。

花快要谢的时候，特别好看，日落时的太阳，光芒也最漂亮，这就是"将欲歙之，必固张之"。将要收缩的东西，你先看到它张大，世事人事都是一样。上天要毁灭一个东西，反而先使它更好。最光荣的时代，强大到极点，也就是另一个衰亡局面的开始。中国古书说"天将厚其福而报之"。有时老天爷给你更大的福报，给你更大的机会，使你发财，使你得意，使你样样好，却也使你快一点结束，因为你得意到忘形，昏了头。我们读中外历史，看到许多成功人物，成功得太偶然，结果一下子就玩完了。

懂了这个道理，便了解老子所说的"是谓'微明'"。从微弱、渺小的地方，有智慧的人能看出大道理来。没有智慧的人，只看到眼前现象，只看到好的一面，而对于坏的一面，由于不懂因果循环的定律，只知道埋怨运气不好，埋怨老天爷不保佑，埋怨上帝不灵验，埋怨菩萨不加被，几炷香都白烧了。殊不知人生过程中的现象，在肉眼看不见的地方，"微明"已经表现得很清楚。如果检讨、反省起来，明天有什么事发生，从今天做的事就会知道，用不着神通。自己身体的情形，对不对劲，是否会病倒，心里都会有数，有感受的。可惜一般人没有这个智慧，没有"微明"。

由此看来，我们晓得，老子并没有教人用权谋做坏事，而是告诉我们做坏事的可怕。可后世读《老子》的人，依文解义，把这句话当原则去做坏事的也不胜枚举。一般人，有时候要求长官多加一点薪水或福利，长官立即批准给你，可是他心里对你不满，下一次遇到机会，他就会对付你了。这类事例很多，都是向坏的一面去学。我们看这些故事，不免读历史而流泪，替古人担忧。所以，说法与说话、写文章一样的困难，连讲道德的文字，也同样会被人引用到奸诈、权术手段上面。

天下事善恶是非在于自己，不在于教的人。

老子始终主张用阴、用柔、用弱，这也就是后世所讲的帝王术，被人认为是权术谋略的最高原理。

"柔弱胜刚强"，英雄虽征服了天下，但美人的温柔就能征服英雄。所谓柔弱，在做人的道德行为上就是谦退礼让，也就是吃亏。

"鱼不可脱于渊"，鱼在水里的力量很大，生命力很强，一旦离开水就完了。所以，人要懂得自处之道，就像鱼不能离开水。

"国之利器不可以示人"，一个国家生存的命脉所在，一定要掌握住，不能轻易给别人看见。中国历史上，都以龙来比喻皇帝，因为龙的体形庞大；然而它的性格柔软、温良，脾气最好。可是，它颈项下面三寸的地方不能碰触。因为龙的鳞甲都是顺鳞，只有颈下三寸是逆鳞，那是它致命的地方，绝对碰不得的。如果碰到龙致命之处，那就非同小可，不管你是谁，龙非把你消灭了不可。所以，历史上常常以批龙鳞来比喻帝王动怒。只有魏徵这个了不起的大臣，经常批唐太宗的龙鳞；也只有唐太宗这样的皇帝，能容忍他的直谏，这是历史上很少见到的事。

人的一生中，每人都有他致命的弱点，就怕人家指出来，所以都自我保护得很严密。遇到一个不懂事的人，偏要把它指出来，那就非同小可了。很多古代了不起的帝王，下面有的大臣，专做这种"批其龙鳞"的事，专指出弱点或错误的地方。当然，了不起的唐太宗他是接受了，可是，这是很难做到的，需要高度的忍耐才行。

一个人自我的意见固执起来时，在要紧的关头，左右高级干部硬加以反对，要把你的意见修正过来，那是很痛苦的，到了当权的地位就会知道。一般读书人对这个道理，讲起来很简单，因为他只是读书，没当过权，坐在书房里谈理论，当然度量很大，等自己有一天当了权，那就不是这么一回事了。家中的钥匙放在口袋里，你愿不愿意拿出来告诉大家，我家里的黄金美钞就是用这一把钥匙取的，你能这样示人吗？同样的道理，人生事业，国家大事，道理都是一样。

从"国之利器不可以示人"这句话，与上面这几句配合起来，老子告诉我们，这些都是在平常不注意的地方，埋下的失败种子，后面所遭遇的痛苦，只是一个结果，它的前因并不在今天。

儒家只讲一个原则，孔子的说法是存诚，要我们"戒慎小心"；老子道家的文章，则专门指出现象来。这两家看起来虽然不同，道理都是一样。

（选自《老子他说》）

老子的成事秘诀

其安易持，其未兆易谋；其脆易泮，其微易散。为之于未有，治之于未乱。合抱之木，生于毫末；九层之台，起于累土；千里之行，始于足下。为者败之，执者失之。是以圣人无为，故无败；无执，故无失。民之从事，常于几成而败之。慎终如始，则无败事。是以圣人欲不欲，不贵难得之货；学不学，复众人之所过。以辅万物之自然，而不敢为。

——《老子》

老子说，如果想立功创业，就要注意"其安易持"。这是说平常的事情，如果继续保持平常，是非常难的。政治的处理或者公司、行号能保持永远的常态，没有大的变动，已是莫大的功劳。

当一个兆头还没有发生时，一个现象还没有出来以前，容易想办法，这是老子"为无为"之道。为什么中国历史上每逢乱世，出来平乱的大半都是道家人物？因为他们能够把握"未兆"。社会看来很安定，在道家看来却正是可怕的先兆。我们现在的社会，国富兵强，生活富足，然而在我们看来正是很令人担忧的。因为后一代的青年，不知道困苦艰难，没有受过挫折，社会国家一旦发生问题，马上抵抗不住，这是很严重的。

小至个人创业，大至治国平天下，都是中国文化中的四个字——深思熟虑。要好好地想，深深地思考，不能马虎，也就是老子讲的"图难于易"。有先知的人，用智慧防止可能发生的问题，使社会得到长久安定。一个大政治家处理事务，如果决策完善，则功德无量，所造成的影响不止一个地区，不止几十年。有时候好的政策可使社会安定几百年，其中的道理都是在这个地方。

真正做事业的人，在开始还没有一点影子的时候，已把基础打好了，这就是高明的人。那和下棋一样，好像随便下一个不相干的棋子，文学上形容叫作"闲棋一着"，没有道理，可下可不下，看来不起任何作用，而实际上是经过深思熟虑，预先计算的。多年以后，发展到某个阶段，这里已有预先的准备，起了大作用，收到大功效，政治上则可使天下不乱，这就是"为之于未有"。

大政治家在天下未乱时，已把乱的根源先平掉了。社会上有人犯罪，把犯罪的人捕获，绳之以法，不错，执法的人很有功劳。但是，真正的大功劳是使人根本不会犯法，这就是法治，出于道家的精神。"立法"的目的，能使民众不会犯法，那就是天下之大法；等到人犯了法再去惩罚，已是下策。可是如何做到"为之于未有，治之于未乱"呢？其中就有大学问了。

下面二句很妙，"为者败之，执者失之"。一个人太懂得有所作为，反而会失败。孟子也讲过"揠苗助长"的故事，必须要慢慢等待，有时分秒必争，有时则分秒不可争。必争者，是人自己分秒都要努力；不可争者，因为时光是有隧道的，要分秒都到了才可以。

我经常以自己的经验以及年轻时的感受，替青年们着想，劝青年人见事慢慢来，大概要等十年以后再看如何。孟子说过："虽有智慧，不如乘势；虽有镃基，不如待时。"时空两个因素是无法忽略的，尽管急切，却一点办法也没有。忽略时空，非要立刻做到某种程度不可，结果只有"失之"。这是因有为而失败，所以是"执者失之"。圣人知道宇宙万事万物随时都在变化，所以不固执成见，最重要的是知道应变，应变还不行，还要通变，配合变去变，这就是"为无为"。

佛经常拿"无常"道理示人，大家研究佛学常戴一副有色眼镜，对于世间的无常都持悲观看法。实际上释迦牟尼所讲的"无常"就是中国文化的"变"，天地万物不是永恒固定的，所以教我们认清"变"。

"民之从事"是说一般人做事，"常于几成而败之"，快到成功时反而失败，爬楼梯还剩一阶，突然跌下来。做一件事，无论小事或大事，快要成功时就是最危险的时候。因为快成功会使自己昏了头，一高兴，眼前的成功反而"一失足成千古恨，再回首已百年身"。纵然不死，却要再重新开始。

但是，要注意"几"字，再进一步更深一层地讲，成败都有它的先机，有它的关键。先机是什么？是"未兆易谋"那个兆头。一件事的成败，常有些前后相关的现象，当你动作的时候，它已经有现象，如能把握那个"机"，就不至于失败。一般人"几成而败之"，是因为把坏的机看作成功的机，看不清楚。

老子再告诉我们"慎终如始"，青年同学们对这几个字要好好记在脑海里。他告诉我们，到了成功的时候，你要保持开始时的态度，那个本色。即使做了最伟大的事，戴上皇冠，坐在皇位上，也要心中无事，就像在妈妈怀抱里一样平凡，那就真的成功了。更要知前因后果，不要因为成功就得意，因为学问、事业有成而满足得昏了头，这样马上就会"几成而败"。在爬到最高的时候，始终保持开始第一天那样的心情，你就永远是成功的。

（选自《老子他说》）

把握这四条原则，求得事业的平安

曲则全，枉则直，洼则盈，敝则新，少则得，多则惑。是以圣人抱一为天下式。

——《老子》

道家的思想在可以出世亦能入世之间，有"体"有"用"。只主道体，光修道，而鄙弃用，那是不对的。只出世而不能入世，固然不对。只讲用，而不讲体，亦是错误。老庄与孔孟之道都从《易经》同一渊源而来，老子每举事例，即正反两面都说到，这就是"一阴一阳之谓道"的作用。所以我们说，老祖宗留下来的《易经》是哲学中的哲学，经典中的经典，它认为一体都含两面，两两分化，便成多面。

（一）曲则全的谏劝艺术

曲则全，是老子指出的自利利人之道。为人处世，善于运用巧妙的曲线只此一转，便事事大吉了。换言之，做人要讲艺术，便要讲究曲线美。骂人当然是坏事，例如说"你这个浑蛋，非如此才对"，这就不懂曲则全的道理，对方一定受不了。但你能一转而运用艺术，你我都同此一骂，改改口气说"不可以乱搞，做错了我们都变成豆腐渣的脑袋，都会被人骂成浑蛋"，那么他虽然不高兴，但心里还是接受了你的警告。所以，善于言辞的人，讲话只要有此一转就圆满了，既可达到目的，又能彼此无事。若直来直往，有时是行不通的。不过曲线当中，当然也须具有直道而行的原则，老是转弯，便会成为大滑头。总之，曲直之间，运用之妙，存乎一心。

下面为了说明在人事上的应用，找出一些资料。但是，这点资料并不足以用来完全解释老子的原意，而用历史事实来说明原则，对大家或许有所帮助，但也很容易产生流弊，苟非其人，即易着魔。希望切实记住，要基于最高的道德，偶一为之，不可用作为人处世的手段。

在历史记载上，有人说汉武帝"穷兵黩武"，与秦始皇并称，也有说他是明主。汉武帝有个奶妈，他自小由她带大。历史上皇帝的奶妈经常出毛病，问题大得很，因为皇帝是她干儿子，这奶妈的无形权势当然很高，因此"尝于外犯事"。汉武帝知道了，准备把她依法严办。皇帝真发脾气了，就是奶妈也无可奈何，只好求救于东方朔。《史记》载救乳母者为郭舍人，刘向《说苑》说是东方朔，余姑且认为是东方朔，较有趣味。东方朔在汉武帝面前，是有名的可以调皮耍赖的人，经常与他幽默（滑稽）、说笑话，把他弄得啼笑皆非。但是汉武帝很喜欢东方朔，因为他说的做的都很有道理。东方朔听了奶妈的话后，说道，此非唇舌所争，这件事只凭嘴巴来讲，是没有用的。他教导奶妈说："而必望济者，将去时，但当屡顾帝，慎勿言此，或可万一冀耳！"你要我真帮你，又有希望帮得上忙的话，等皇帝下命令要办你的时候，一定叫把你拉下去，你被牵走的时候，什么都不要说，皇帝要你滚只好滚了，但你走两步，便回头看看皇帝，走两步，又回头看看皇帝。千万不可要求说："皇帝！我是你的奶妈，请原谅我吧！"否则，你的头将会落地。你什么都不要讲，喂皇帝吃奶的事更不要提，或者还有万分之一的希望可以保全。

奶妈听了，就照着东方朔的吩咐，走一两步，就回头看看皇帝，鼻涕眼泪直流。东方朔站在旁边说："你这个老太婆神经嘛！皇帝已经长大了，还要靠你喂奶吃吗？你就快滚吧！"汉武帝听了很难过，心想自己自小在她手中长大，又听东方朔这样一骂，便说算了，免了这一次的罪吧！

像这一类的事，看起来是历史上一件小事，但由小可以概大。此所以东方朔的滑稽不是乱来的，他是以滑稽的方式，运用"曲则全"的艺术，救了奶妈的命，也免了汉武帝后来内疚于心。假如东方朔跑去跟汉武帝说："她好或不好，总是你的奶妈，免了她的罪吧！"那皇帝就更会火大，也许同时连他讲话的家伙也一齐砍下来，那就吃不消了。他这样一来，替皇帝发了脾气，皇帝难过了，自己后悔，也不需要再替她求情，皇帝也不能怪东方朔，因为东方朔并没有请皇帝放她，是皇帝自己放的，恩惠还是出在皇帝身上，这就是"曲则全"。

当一个人发怒的时候，所谓"怒不可遏，恶不可长"。尤其古代帝王专制政体的时代，皇上一发脾气，要想把他的脾气堵住，他的脾气反而发得更大，只能顺其势，转个弯，把它化掉就好了。这是身为人家的干部，尤其是做高级干部，必须要善于运用的道理。世间有很多事都是如此，即使家庭骨肉之间也是一样。人非修学不可，读了书要学以致用，但有时书虽读得多，碰到事情的现场，脾气一来，把所读的书都丢掉了，那是没有办法的事。

（二）枉则直的手段

枉是纠正，歪的东西把它矫正过来。宇宙间的物理法则，没有一样东西是直的，直是人为的、勉强的，因此便形成"矫枉过正"的成语。一件东西太弯左了，稍加纠正一下即可。

矫正太过，又弯到右边去了，偏左偏右都有差错。直虽然是人为的、勉强的，但是它能合乎大众的要求，也就不能不承认"枉则直"了！

汉文帝是研究老子的好学生，所以，我们讲老庄的思想学术，引用他的故事亦蛮多的，现在又要借用他的一则历史故事。

过去宗法社会重视长子，汉文帝大儿子的妈妈姓窦，儿子当了太子，母亲便顺理成章当上皇后。可是，窦家这位皇后，家庭履历并不太高明，她是贫贱出身，哥哥名叫"长君"，弟弟名叫"广国"，又名"少君"。窦家这个小兄弟更惨，年轻时被骗子骗走卖掉，辗转卖了十多次。到二十几岁时，听到姐姐当了皇后，他便写信说明彼此之间的关系。窦皇后接到信，既惊喜又怀疑，写信的人究竟是不是兄弟呢？他再向皇后说明小时候同胞手足间如何共同生活，姐弟如何相亲相爱，列举事实证明，皇后这才相信真是兄弟，因为这些事只有他们姐弟之间才晓得。从此少君归宗认亲，一步登天，"厚赐田宅，家于长安"，以便姐弟间可以时常相聚，享受天伦之乐。

可是我们晓得汉朝历史，一起手便有外戚之祸。吕氏政变，全靠跟刘邦同时起义的老干部周勃与陈平他们设计平息。周勃与灌婴都是追随刘邦一同起来打天下的立有汗马功劳的将领。他两人看到窦皇后姐弟之间这个情形，便联想到刚刚过去的吕家故事，就商量说，我们这些人业已过了退休高龄，将来要想保全身家性命不死，照现在情形来看，我们的命运还须掌握在窦家姐弟手里，而且这三姐弟出身贫贱，知识、道德、修养都很低。像这种人，一旦进入政治舞台，手上有了权势，如果残暴起来，比知识分子出身的人还要残暴得多。周勃与灌婴虽然出身行伍，但凭人生经验，早已看出没有受过良好教育、没有正确中心思想和深厚学术修养的人，一旦出来当政，后果是不堪设想的。有此远见，的确高人一等，无怪能做开国功臣。商量结果，唯一办法，为了他们好，为了窦家好，为了我们全体高级老干部将来不再受冤枉的迫害，只有教育他们读书明理。因此审慎选择一批有学问、有道德、有节行（有学问的不一定品行好，因此必须要加一项有节行）的好老师和一班好青年子弟同他们做朋友，辅导他们步入正途。窦家兄弟两人，受了良好教育造就，从此变成谦虚退让的君子，与世无争，这有多好啊！皇亲国戚之间，还有谁敢欺负他们？他们也不欺负人。身为皇亲国戚，只有如此，不以尊贵骄人，自然更为高贵了！这两兄弟后来学问成就不像其他皇帝亲属，他们非常讲学问、讲道德，绝对不以自己的尊贵去欺负人家，傲视人家，不要法律的约束都能自尊自重，因此终前汉世代，窦氏世泽绵长，成为世家大族。这就是"枉则直"的道理。

实际上，周勃、灌婴对窦皇后姐弟之间这样处理也很不公平，可以说是别有私心。历史上明确记载，他们是为了自己将来不受冤枉迫害，所以也非圣人之道。圣人之道，是不考虑自己的利益，应为大众着想。倘认为像窦少君兄弟这样的人，到了第一等高位，便应该加以教育而造就为国家所用的人才，并非只顾私人的利害，那就是仁人的用心了。孔孟之道固然应当如此，老庄之道也不例外。所以他们两个人的做法，只能说是一种权术手段。但是这个手段已经够高明、够美好，事实上也合乎老子"枉则直"的原则了！

（三）"洼则盈"的故事：狐狸、豹皮的吸引力

水性下流，凡是低洼的地方，流水积聚必多，最容易盈满。春秋所谓的霸主，并非后来项羽自称为"西楚霸王"的霸王。后世所谓的"霸主"，应该等于现在世界上的发达国家，在国家间有它了不起的武力和特殊的政治声望威力。尤其晋文公是春秋第二个霸主，更与齐桓公所遭遇家庭问题所发生的变故，类似而又不同。他因为后娘的争权而逃亡在外，历尽艰难险阻，吃尽苦头，饿过饭，几乎把命都丢掉，流亡了十九年，获得了丰富的人生经验，最后复国，晋国在他手里

成为一个霸主。当时，翟地（今山东）有一个老百姓，来献"封狐、文豹之皮者"，一件很大的狐狸皮。过去以狐皮制成的衣服叫狐裘，是第一等衣料，非常名贵，自然要献给君主。另外一张豹皮，也是有特别花纹的皮色，都是上等皮货。晋文公什么苦头都吃过，看了以后不免引起感慨，大叹一声说道："封狐、文豹何罪哉，其皮之罪也。"狐狸长大了也不犯法，豹子毛长得漂亮也不犯法，动物有什么罪呢？可是这两个家伙硬是被人打杀了，只因为它们的皮毛长得太过漂亮，免不了祸害的降临！

　　这时，曾经跟他流亡多年的功臣大夫栾枝就接着说："地广而不平，财聚而不散，独非狐豹之罪乎？"这是很妙的双关语，他说一个国家拥有广大的土地（春秋时候，人口很少，没有开发的地方很多），君主内府（宫廷）的财帛又那么多，老百姓仍然没有饭吃，那岂不是如这两头被杀害的狐狸、豹子一样的可怕吗？这话说得很幽默。我们国家的土地那么广大，而你私人皇宫的财产又那么多，说不定有一天也像这狐豹皮件一样，落到别人的手里啊！这几句话很难解释，很难做明白的表达，直译成白话，就没有含蓄的美了，此之所以为古文，则自成为一套文学逻辑。古文为什么不明讲呢？如果用白话文的语气讲完，等于在洗澡堂里看裸体，一览无余，一点味道也没有。而且在说话的艺术上变成太直，等于顶撞，绝对是不行的，不合乎"曲则全"的原则。同样的语意，经过语言文字的修饰，便可以当作指责，也可以当作比喻。我小时候听到前辈先生们讲话，就是文质彬彬的，自己书没有读好，听他们讲话往往会听错了，不像现在一般讲话，一点韵味也没有。古人认为语意如不经修饰，就不足以表示有学问修养，现在如果用这种语汇，说委婉的话，却反遭人讥诮为"咬文嚼字"。

晋文公是何等聪明的人，便说"善哉说之"，你就把要说的道理直接讲个彻底吧，不要含含糊糊，有所顾忌了！栾枝说："地广而不平，人将平之；财聚而不散，人将争之。"你没有平均地权，把没有开发的地区分配给人民耕种，将来就会引起老百姓的反感，别人就会起来分配。你宫廷中财产那么多，没有替社会谋福利，将来就会有人将你皇宫的宝藏拿走了。晋文公"于是列地以分民，散财以赈贫"。这就是"洼则盈"的道理。

再说一个咎犯的故事。"咎犯"是一个人名，不要认为"咎"是过错，"犯"是犯罪。咎犯和栾枝都是晋文公的高级干部，而且跟晋文公流亡在外吃尽了苦头。有一天晋文公与他讨论政治，咎犯对曰："分熟不如分腥，分腥不如分地，地割以分民而益其爵禄，是以上得地而民知富，上失地而民知贫。"你要在经济上、财政上做平均的分配、合理的分配。比如分配一块肉，煮熟了分，不如分腥的好。拿一块生猪肉分给人家，五斤也好，十斤也好，分到猪肉的人，也许红烧，也许清炖，比较方便，一定要煮熟切片再分送给人家，那么人家就固定非吃白切肉不可了！这就有点强迫别人的意志！这是分熟不如分腥的含义，是用譬喻的逻辑。再说，分食物给人家，不如分地给人家自己去耕地好。也就是说，最好是把王室的私有财产——土地，平均地权，分配给老百姓以后，"而益其爵禄"，不但使其生活安适，而且给他适当的职务，有事可做。这样一来，自己的财产虽然分配给了老百姓，在形态上好像是把财产分掉了，其实老百姓富有了，也就是王室国家的富有。万一有敌人来侵犯，全国老百姓不要你下命令，自然会起来作战，因为国家的灾难就是人民自己的灾难，这是"致师而战"的内涵，同时也说明了"洼则盈"的原理。

（四）敝则新

赵简子也是战国时代的大政治家之一。他看到左右的人，如一般官吏或侍随官等人，都把他的车子里铺的席子做得太讲究了，拿现在比喻，地毯太好了，他很不高兴，向左右的人说：为什么把我车子里面布置得那么漂亮、那么名贵呢？帽子再坏，还是戴在头上。鞋再名贵，还是穿在脚底下，踏在地面。现在你们把车子铺上那么好的地毯，那么我要穿上什么鞋子，才能踏在这地毯上面，以便名贵中更加名贵呢？即使换了一双更名贵的鞋子，我也无法再到我妈妈那里找一双漂亮的脚来穿这双好的鞋子呢！那怎么办？"夫美下而耗上，妨义之本也。"这句话，就同参禅一样是话头，人只顾眼前，不顾将来，也是不合理的，这不是道德的根本。他吩咐把漂亮的地毯拿掉，保留原来的朴实，那才是永远常新的。

我们引用历史的故事，来说明老子这几句话的作用，使大家了解在行为上的原则。一个人做人做事，无论大事小事，一定要把握住道家的精神——"曲全""枉直""洼盈""敝新"这几个原则才好。这是人生的艺术，自己要把这一生的生活，个人的事业前途，处理得平安而有韵味，就应该把握这一些原则。而这四个原则，归纳起来，统属于"曲则全"的延伸而已。

（选自《老子他说》）

以出世的修养，做入世的事业

古之真人，其状义而不朋，若不足而不承。

——《庄子》

庄子说，由出世的修养成就，做入世的事业，能够救世救人，这些是真正得道的人，称作真人。这些人"其状义而不朋"，他们入世的作为，表现得非常讲义。这里不提"仁"字，只提一个"义"字，是爱人作用的发挥。

儒家解释孟子的"义"，"义者,宜也",是做人的中庸之道，恰得其分，恰到好处。譬如火起来了要救，赶快去挑水，水挑不够再去挑，万一挑累了就算了,听之天命，我总算尽了力。

墨子解释的"义"，带一点侠气，路见不平，拔刀相助；天下有难，摩顶放踵而利天下，牺牲自己的生命都在所不惜。这是墨家对于义的思想看法，同道家相近。

庄子这里所提的义，近于墨家思想，不是儒家的"宜"。真人可以牺牲自我，利世而利人，为仁义而为之，是为天下的。

他不结党，没有党派，不营私，没有私人的感情。他不希望你来恭维，也不希望有个老张老李说他很好。所以说有为而无为，做了就是做了，所谓救人救世，牺牲自我，义所当然，应该做的事做完了，也不需要你知道。

道家得道的人，为人处世永远不会自满，永远是谦虚，总觉得自己还不够，而不接受什么，不想什么东西属于他的，只有自己拿出来。天下国家属于你的，我帮你弄好了，你好好去治理，我不要，功成名遂身退。道家在历史上有很多这样的人，他们说自己的圣德不够，你去搞就好了，永远是谦虚。

与乎其觚而不坚也，张乎其虚而不华也。

他说，做人的态度，看起来很有棱角，其实得道的人，内方外圆。虽然对人都很和蔼，无可无不可，他自己自有棱角，但是没有成见，不坚持自己的意思；天下人认为这样有利，他可以将就。所以如老子所讲，永远是虚怀若谷，像花一样地开，自己内在空空洞洞，没有东西，无主观，无成见，更没有虚华，不宣传，不炫耀。

郁郁乎其似喜也，崔崔乎其不得已也。

面对人生是乐观的。"崔乎"也就是巍巍、高大的意思。虽然崇高，站在最高的位置上，有最高的成就，但不是被欲望驱使而出来，而是为了天下的艰难痛苦，不得已而为之。

滀乎进我色也，与乎止我德也，广乎其似世也，謷乎其未可制也，连乎其似好闭也，忱乎忘其言也。

"滀乎进我色也"就是对社会的贡献。"滀"是形容词，"进"就是贡献，就是对社会贡献了一切。"色也"，觉得这是很当然的，没有一点要人感谢的心态。

"与乎止我德也"，与你共同做事，到了相当的时候，就退出了，停止了，这是德，因为不能再帮下去了。如果再帮下去，历史上有一句很了不起的话，就是功高震主，很多人因为不懂这个道理，最后都被杀头、抄家。本来是很好的，功劳太大，道德太高，学问太好，但到某一个时候，赶快要溜，否则功高震主，下场就不好了。天下事不能太圆满，太圆满就要爆掉，道家的人到某一个阶段，晓得该撤退了，就是恰到好处。

"广乎其似世也"，处世的态度很庄严、很慎重，态度做法一切都很严厉，表面上跟着一般世俗的走，但他不是为了自己，是为了世俗的需要。

道家有这样修养得道的人来处世，所有的条件都具备。"謷乎"等于傲慢，真正的傲慢，但是傲慢到什么程度呢？到看不出来那个程度，像是绝对的谦虚。谦虚、傲慢之间到了天子不能臣、诸侯不能友的程度。所以永远不出来的，永远不担任任何名义的，"未可制也"，他不属于任何范围。虽然如此，他做人做事"连乎"，处处自己有个范围，表面上看起来很固执，"其似好闭也"，实际上不是固执，是为人处世的方法。一个人处世，如果自己没有范围，结果当然是不好。因此得道的人，自然懂得人生，懂得处世。

　　"悗乎"形容他使大家都佩服敬仰，所以忘记了他所讲的理论，因为道理已经深入人生，个个都做到了。

（选自《庄子諵譁》）

与其练达，不若朴鲁

几十年前曾经有些同学问，用什么方法、手段，毕业后可以在社会上站住？我说只有一个方法——笨，也就是做人诚恳、老实，除了这个以外没有其他方法。你听起来很古老，但我告诉你，这是我们几十年人生经历所得到的结论。历史上看到玩聪明的人，像花开一样，一时非常荣耀，光明灿烂，但很快就凋萎了，变成灰尘。

这个世界上人人都在玩聪明，聪明已经没有用了，所以未来的时代，成功的人一定是诚恳的、规矩老实的。当然你也可以说，规矩老实也是一种手段，在理论上可以那么讲，但是毕竟古今中外的人都喜欢诚恳老实的人。就拿我们自己来比，你交一个朋友，他办法多，有智巧，很聪明，你一定非常喜欢，但是也非常害怕，所以你最爱的朋友一定是那个老实诚恳的。所以《列子》也说："圣人恃道化而不恃智巧。"智巧再高，也只能高到这个程度了。

各位个个都自认聪明，谁肯承认自己是笨蛋啊？但是这个聪明就是大问题。我们常常提到，苏东坡一生受的打击很大，所以他有一首诗："人皆养子望聪明，我被聪明误一生。"他后悔自己聪明，下面两句更妙了，"但愿生儿愚且鲁，无灾无难到公卿"。希望笨儿子一辈子平平安安有福气，功名富贵都有。上面两句蛮好的，下面两句话他又用聪明了，希望自己的儿子又笨又有福气，不必辛苦就做到大官，一辈子又有钱又有富贵。天下有那么便宜的事吗？他不是又用聪明了吗？这个聪明就不对了。实际上苏东坡这个思想就是他的人生哲学。再仔细一想，苏东坡这个愿望也是我们自己的希望，我们个个都想这样，每个人都要这样，都误于聪明。

《孟子》文章看起来那么美、那么平实，好像话都告诉你了，可是，他有很多东西都在文字的后面。譬如他说"离娄之明，公输子之巧，不以规矩，不能成方圆"，这就是告诉我们聪明没有用。这句话让我们想到老子说的"大智若愚"，真有大智慧的人，不会暴露自己的聪明，不是故意不暴露，而是最诚恳、最诚实，才是最有大智慧的人。"大智若愚"这个观念不是同《孟子》这一段的观念一样吗？但是《孟子》同《老子》也有它们反面的意义，读《老子》要注意哦，大智若愚反过来，就是大愚若智。大笨蛋有时候看起来很聪明，他还处处表示自己聪明；越表现自己聪明的人，越是笨蛋，暴露了自己。所以大智若愚，老子只说了正面，反面那是老子的密宗，不传之密，你要磕了头，拿了供养，他才传给你。《孟子》的道理也是一样，所以为政也好，自己修养也好，都是这个原则。

《大学》讲"明德""亲民"，然后"止于至善"。而普通一个人，能够永远保持他的天真童心，没有机心，就是至善，就是"赤子之心"。明人洪自诚的《菜根谭》中说："涉世浅，点染亦浅；历世深，机械亦深。故君子与其练达，不若朴鲁；与其曲谨，不若疏狂。"这几句话很有道理，一个人对人情世故知道得少，自己心理上的污染也比较浅。所以年轻人做事，看来是个冒失鬼，但他心理染污少，不知道别人可能心存不正。年纪大了，经历的事情也多了，看人就不同，办法也多了。因此他主张"故君子与其练达，不若朴鲁"，似乎一个人深通人情世故，面面圆融，处处通达，倒不如老实一点，笨一点，保持那份天真比较好。人纯厚，则能保持天真。

（选自《孟子与离娄》）

第三章

道德与利益之间怎么选

这个钱该不该拿

　　列子很穷,穷得连便当都吃不起,容貌都有菜色,发青了。有一个人就向郑国的领袖郑子阳讲,列御寇是有道的人,有学问,有道德,这样一个人在你郑国都无法生存,是这个国家的耻辱,也会使人觉得你不喜欢有道德、有学问的知识分子。郑子阳听了这话,马上就派官人送粟给列子。这个粟是五谷里的一种,古代社会粮食也代表钱币,同样有流通价值。列子看到粮食,很客气地行礼致谢,不接受赏赐。回到屋里,太太不高兴了。古代妇女多半靠男人过生活,结婚是买了长期饭票,结果列子这张饭票,连他自己都没有饭吃。

　　她气极了,看看他,就要脾气,自己捶起胸口来。她说:"妾闻为有道者之妻子皆得佚乐。今有饥色,君过而遗先生食,先生不受,岂不命也哉?"据我所知,有学问、有本事的人,妻儿生活过得都很舒服。现在你也有学问,有道德,有本事,结果我们饭都吃不饱,国家领袖送生活费给你,你却不接受!这一段如果演电视剧的话,她一定大哭大闹,几乎要自杀!

列子没有被她吓住，哈哈大笑。他说："君非自知我也。以人之言而遗我粟。"你要了解，郑子阳要人送粮食给我，他并不真正了解我是个什么样的人啊！这一句话很有道理，不管你们将来当了什么大老板，发财之后，要想透彻了解别人很难，接触人的机会非常少，人家接触你的机会也不多。任何地位都是一样，还有就是年纪大了，更是如此。换句话说，一个人到了某一个阶段，精力不够用了，事情太多了，不像当大学生的，上了四节课，游手好闲，坐茶馆里都觉得时间好长，一天过的日子很无聊。

那些高位的人很痛苦，他们没有时间机会接触旁人，所以要想了解别人也很不容易。列子讲，他并不是真正了解我，只是接受了别人的建议，表示自己很有风度，爱天下士，因此送生活费用给我。青年同学在这个地方就要想一想，假使自己碰到这样高薪的机会，大概夜里睡不着啦！不要说这样，一张表扬状给你，都要贴在墙壁上看三个钟头，对不对？可是一个有学问、有智慧的人可不会这样。

列子又说："至其罪我也，又且以人之言，此吾所以不受也。"明天有一个人讲我不对，他就会派人来杀我了。因为这不是他的本意，只是受左右之言的影响。一个人到了某一个地位，左右旁边人的话很容易听进去，所以做一个领袖能够不听左右亲信的话，或者虽然听了，自己有高度智慧来分别，确实非常不易。

古人说"求于人者畏于人"。不管什么人，你只要求人，就怕人。"人到无求品自高"，一个人到了处世无求于人，就是天地间第一等人。由此你也懂了一个商业的原则，做生意顾客至上，做老板的总归倒霉，做老板的永远是求人啊！要求你口袋里的钱到我口袋里来，那个多难啊！然后讲我这个东西怎么好，那个态度多好多诚恳，叫作和气生财。所以你读懂了《列子》，就懂了人生。

那么列子的判断对不对呢？果然，后来郑国政变，郑子阳被杀掉了。如果列子接受他的赏赐，当一个什么官，那恐怕连吃饭的家伙也要掉下来了。可见人生处世，这个钱该拿不该拿，要有高度的学问、高度的智慧。《礼记》讲君子之道有句话，"临财毋苟得，临难毋苟免"。毋就是不可以，苟就是随便。不要随便看到钱就拿，要考虑该拿不该拿。碰到困难危险的时候，譬如说车祸发生了，只管自己逃跑，不管同车的人，这在中国文化上是不许可的，尤其是担当国家大事的，做忠臣孝子的，就要有"毋苟免"的修养。

（选自《列子臆说》）

别人的利益绝不沾

杨朱主张"拔一毛以利天下，不为也"。你叫他拔掉身上一根汗毛，对社会有益，他都不干。孟子一生反对杨朱、墨子两家。墨子"摩顶放踵以利天下"，孟子反对，认为他陈义太高，理想太高，做起来太困难，要一步一步来，有限度的仁爱才是对的。同样，孟子把杨朱讲得好像一毛钱不值，可是杨朱有他的一套哲学思想，也是不得了的。

杨朱的思想是把个人主义发展到极点，绝对尊重他人的自由，各有各的范围，所谓自由民主的结果是绝对的自私、为己，杨朱就是为己。但是杨朱不是那么狭隘，他虽然为己，对社会有贡献都不干，但是别人的利益他也绝不沾。如果天下个个都是杨朱，我有我的自由，不妨碍你的自由，那天下太平了。可是人是绝对做不到的，口口声声讲自由的人，最喜欢妨碍别人的自由。我常说口口声声讲科学的人，绝对不懂科学。真正学科学的人，嘴巴闭住不敢讲，因为这个东西太难，这个问题很严重，他不轻视每一个问题。

杨朱应该是所谓自由主义思想的领袖、祖师爷，他的哲学你看多高明啊！他说"利出者实及"，你有利益给人家的话，实际好处就回到你身上，这也是因果问题，就报应回来。所以你给人家利益，还是为了自己的利益。"怨往者害来"，你到处埋怨别人，看不起别人，人家也看不起你，也讨厌你。所以你去怨恨别人，马上反应过来是对你有害的。你看，杨朱的自由主义多么实际。

　　"发于此而应于外者惟请"。这个"请"就是"情"，杨朱也是明白因果报应道理的。任何人的思想行为，只要一发动，内外就有感应，相应的作用。这个道理是什么？就是情。人到底不是普通动物，还有一种情感的怀抱，其实动物也是，生物都是这样。

　　"是故贤者慎所出"，因此贤人、有道德的人，小心谨慎自己的起心动念，对情感的发出非常谨慎。大家认为，我们心里头的思想，外面的人怎么知道？可是人之所以不同，有他的电感，你对一个人有所怨恨，对方已经收到电波了，他也不高兴你了。所以一切只能求于自己，这就是杨朱为己的哲学道理。

（选自《列子臆说》）

做好事尤其要慎重

杨朱曰："行善不以为名，而名从之；名不与利期，而利归之；利不与争期，而争及之；故君子必慎为善。"

——《列子》

孟子反对杨朱，给他的罪名是他主张人都要为己。俗话说"人不为己，天诛地灭"，这就近于杨朱的思想，是绝对的自由主义，以自我为中心，尊重自己也尊重别人，可惜人做不到。人类是什么心态呢？你的就是我的，我的不是你的，那不知道是什么主义，讲起来很好听，反正不是杨朱的道理。孟老夫子反对杨朱，说他太自私，但是杨朱的自私有他哲学的基础，他的哲学理论是，人不但不做善事，当然更不做恶事。

我们讲一个故事。有一个人嫁女儿，古代女子出嫁以前，在家里请妈妈训话。母亲说，没有别的话讲，你到了这一家做媳妇，不要做好事。这一句话好严重，女儿一听，那我专做坏事吗？母亲就骂她，好事都不做，坏事哪里可以做啊！这就是道家思想，也是杨朱的思想。

杨朱说"行善不以为名"。一个真正做好事的人，不是为了求名，为了别人表扬、宣传才去做，这不是好事，因为这是有目的的。我每年都接到要我推荐好人好事的文件，要我推荐几位，我说算了吧！这本是一个好事，假设一提倡，变成惯例，以后有人专走这个路子，那就失去意义了。所以官方常说要表扬老人，我说你们做做好事好不好！你不要害人嘛！人家活到七八十，把他们请来站在台上，你年纪轻轻还去训这些老头子半天，然后送些东西给他们，这样搞几个钟头回去非死不可，何苦来哉呢！这些都是糊涂蛋做的事，不读书，不懂事。真要敬老，你去给老人行个礼，东西交给他，门口贴一个"敬老"就好了。一定要把老人推上车子送上来，你不是玩人嘛！我看到世界上很多不通的事，有时候很气，不过我又怕把自己气死，只好笑一笑，也知道划不来，不值一笑，只好睡觉。所以人家问我信什么宗教，我什么都不信，我信睡觉。

所以真正的行善不是为名，中国文化叫阴功积德，阴功是人家看不见的，行善要阴功，累积下来才叫功德。出了钱，做了好事，还要表扬一下，你已经得了果报，有知名度了，晓得你是善人了，所以再不要期望有果报。

行善的"善"字不只包括善事，做任何好事都是行善。真正的行善，虽然目的不在求名，"而名从之"。事实上很怪，你越不求名，那个名自然而然会跟着来，那是真的。不过，你们年轻人不大信。当然，那要时间的累积，你三天就要效果办不到。我发现社会还是很公平的，真正的好人好事是盖不住的，它自然会出来。

行善是第一步，第二步名就来了，第三步怎么样？天下事都会变的，"名不与利期，而利归之"。"期"是期望，就是希望、目的，有时也可说是目标。有了名以后你不求利益也不求钱，最后钱也来了，因为你有了知名度，很多机会可以使你发财，大财纵然得不到，小财就不必担心。

"利不与争期，而争及之"，有名有利，就有人来争。你盖一个庙，别人也盖一个庙，你有徒众，他也有徒众，你说你的一派好，他说他的一派高，世上的人最后还是争，万物都在争，生命以争斗而活，就那么可怜，莫名其妙。做公务员也好，教书也好，到处碰到排挤，大家心里头明白，嘴里不肯说，哪个地方没有人排挤啊？公司里当一个职员，你负责一点，能干一点，别人就嫉妒你，因为你不懒嘛！你懒了他也要笑你，反正进来一个新人总想排挤掉，最好都归自己，虽然自己也做不了。因此杨朱哲学的结论，"故君子必慎为善"，做人做事，讲一句话，应该非常谨慎才好。

（选自《列子臆说》）

忠义有什么好处

杨朱曰："丰屋、美服、厚味、姣色，有此四者，何求于外？有此而求外者，无厌之性。无厌之性，阴阳之蠹也。忠不足以安君，适足以危身；义不足以利物，适足以害生。安上不由于忠，而忠名灭焉；利物不由于义，而义名绝焉。君臣皆安，物我兼利，古之道也。"

——《列子》

杨朱说人生的境界，有好房子住，好衣服穿，好吃的饮食，有很好看的太太或丈夫，人生只要具备了这四个条件，已经够满足了，还对外面有什么要求呢？如果有些人四样东西都有了，欲望还不能满足，还向外面求，又买股票，股票又暴跌，贪求无厌，就是"无厌之性"。"无厌之性，阴阳之蠹也"，这个阴阳代表天地，贪求的人应该受这个毒害。"蠹"就是生在阴湿地方的蠹鱼，也叫书虫，书物就慢慢被吃了。

杨朱这个道家的思想为什么在中国不流行啊？因为古

代的帝王表面不喜欢，偷偷都是用他的，所以是挂羊头卖狗肉。中国历史有个秘密，"内用黄老"，政治上用的都是道家黄老的学问；"外示儒术"，外面招牌挂着孔孟，就是挂羊头卖狗肉。

为什么表面不喜欢呢？因为道家有些话会使民智开，人们懂了以后很难统治，所以古代帝王不提倡。譬如碰到"忠不足以安君"这句话就很可怕，对国家效忠，皇帝不一定信赖，他说，忠臣有什么好处啊？把自己身体生命先牺牲掉，这叫作忠臣。"义不足以利物"，所谓"义"就是帮忙人家啦，见义勇为、拔刀相助就是义，侠客之道。义有什么好处？也不好，有时候对自己对别人都无益。人家打架同你什么相关？结果你去劝架，自己身上被捅了五六刀，害了自己。杨朱所讲的话令帝王很讨厌。但是道家的道理在下面，他也主张忠义，另外一面的道理一般人做不到。

他说"安上不由于忠"，真正要使国家天下太平，何必要靠忠呢？不需要提倡忠臣，乱世才有忠臣，天下都安定了，当然不需要忠臣。譬如文天祥是忠臣，我们为什么提倡文天祥呢？亡国的时候才有文天祥啊，不要复国就不需要文天祥了。你说岳飞是忠臣，碰到昏君了嘛！就出了岳飞，我们不希望历史上有昏君嘛！如果历史上都是明王，就没必要出岳飞了，所以道家的道理还是对的，真正的安定，不是靠忠。

而一个真了不起的人，把社会安定下来，天下太平，你也不晓得他是忠臣，"而忠名灭焉"，所以他并没有忠臣之名。

老子思想说到孝子，父母不好才有孝子，父母又好，家庭又好，个个都是孝子嘛！二十四孝都是父母不对，问题家庭，所以才出孝子嘛！这是道家的思想。国家坏了才有忠臣，国家永远太平，个个是忠臣，所以"忠"这个字也不需要。"利物不由于义，而义名绝焉"，真正利人利世，就不需要义，大家都是你爱我、我爱你，也人人自爱，就不需要什么慈悲啊、博爱啊，都不需要了。所以这个样子的天下，这个样子的人类，"君臣皆安，物我兼利"，自利利人都有了，个个能够自利利人的话，连"自利利人"这个名词都不需要了。"古之道也"，这个就是道家的道，中国文化道就在这里，这叫自然之道。

（选自《列子臆说》）

忠义矛盾怎么选

世称郦寄卖交，以其绐吕禄也，于理何如？

——《长短经》

郦寄是汉高祖的秘书兼参谋郦商的儿子。后来周勃他们推翻了吕家的政权，恢复了汉高祖子孙的权位，这中间是一段很热闹的外戚与内廷之争。在这一段斗争中，周勃他们教郦寄故意和吕禄做好朋友。这时吕禄是执金吾，等于现代的首都卫戍司令。需先把吕禄弄开，否则这天晚上推翻吕家政权的行动就难于顺利进行。所以这天就安排了由郦寄邀吕禄到郊外去玩，于是由周勃他们在首都把吕氏的政权推翻，接汉高祖的中子代王来即位为孝文皇帝。后世批评郦寄，在他个人的道义上说来，是出卖了朋友。这个道理，究竟对不对，又该怎么个说法呢？

班固是《汉书》的作者，他认为对郦寄卖友的批评不对。所谓出卖朋友的交情，是为了个人的富贵利益，而忘了朋友的义气，才是卖友。郦寄的父亲帮助汉高祖打下了天下，而吕家把这个政权用阴谋手段拿去，这才是不对的。他能在这劫难之中，把吕禄骗出去，予以摧毁，他是为了国家，为了天下，这不是出卖朋友，只是在政治上，为了对国家有所贡献，使用的一个方法而已。

魏太祖征徐州，使程昱留守甄城。张邈叛太祖，迎吕布。布执范令靳允母。太祖遣昱说靳允无以母故，使固守范。允流涕曰："不敢有二也。"

或曰："靳允违亲守城，可谓忠乎？"

靳允是三国时人，当时曹操带兵去打徐州，命令程昱留守后方重镇甄城，正在这样用兵的时候，曹操手下的另一员将领张邈又反叛了，于是曹操只好亲自迎战吕布。这时在战争的地理形势上，如果吕布将范城拿下来，就可以消灭曹操，所以吕布设法把守范城的首长靳允的母亲捉来，想要胁迫靳允为了救母亲而归顺。曹操也赶紧命令留守在甄城的程昱去游说靳允，不必考虑母亲的安危，要他固守范城。结果靳允被说动了，表示一定守城，绝无二心。这里就问起靳允这样做法，算不算是忠？

徐众说："靳允于曹公未成君臣。母，至亲也，于义应去。"

《长短经》的作者赵蕤引用徐众对这件事的评论作为答案。徐众说，当程昱去游说的时候，靳允和曹操之间还没有君臣关系，而母亲是世界上最亲密的直系尊亲，在情理上，靳允应该为了母亲的安危而去，不应该听曹操的话不顾母亲而守城。

同时这里进一步引用历史上类似的故事，以说明这个道理。

昔王陵母为项羽所拘，母以高祖必得天下，因自杀，以固陵志。明心无所系，然后可得事人，尽其死节。

刘邦与项羽争天下的时候，刘邦有一个大将王陵，项羽为了要他归顺，把王陵的母亲抓来。王陵的母亲已看出项羽会失败，刘邦会成功，自己被软禁后，知道王陵有孝心，一定不放心，意志不坚定，因此自杀，留了一封遗书，教人偷偷送给王陵，叮嘱他还是好好帮助刘邦，坚定王陵的意志，使他一心为事业努力，心里再没有牵挂，可以全心全意去帮助刘邦。

另一段故事：

卫公子开方仕齐，十年不归。管仲以为不怀其亲，安能爱君，不可以为相。

卫国的一位名叫开方的贵族，在齐国做官，十年都没有请假回到卫国去。而管仲把他开除了，理由是说开方在齐国做了十年官，从来没有请假回去看看父母，像这样连父母都不爱的人，怎么会爱自己的老板！怎么可以为相！

所以这里就上面的几个故事，为靳允违亲的事，做了结论说：

是以求忠臣必于孝子之门，允宜先救至亲。

能够对父母有感情，才能对朋友有感情，也才能对社会、对国家有感情，人的世界到底是感情的结合，所以靳允是不对的，应该先去救母亲。

接下来，又举了一个例子，就靳允违母守城这件事，做了另一个角度的结论：

徐庶母为曹公所得，刘备乃遣庶归。欲为天下者，恕人子之情，公又宜遣允也。

这个故事大家都晓得，曹操想用徐庶，把他的母亲抓起来，以胁迫徐庶，使徐庶进退两难。刘备一知道这情形，就对徐庶说，我固然非常需要你帮忙，可是我不能做违背情理的事，如留你下来，曹操会杀你的母亲，使你一生都受良心的责备，你还是去吧！所以另一角度的结论就说，一个领导，应该深体人情，那么曹操应让靳允去救他的母亲才对。此所以曹操是曹操，刘备是刘备，他们两个的领导器度，绝对不同。

（选自《历史的经验》）

把仁义当方法

或曰："季文子、公孙弘，此二人皆折节俭素，而毁誉不同，何也？"

——《长短经》

季文子是春秋时名臣，道德非常高。公孙弘是汉朝有名的宰相，此人来自乡间，平民出身，很有道德，名闻天下，虽然做了几十年宰相，家里吃的菜，还是乡巴佬吃的菜根、豆腐、粗茶淡饭，穿的衣服旧兮兮的，非常朴素。我们看《史记》公孙弘的传记，一长篇写下来都是好的，实在令人佩服，不好的写在别人的传记里了，这是司马迁写传记的笔法。公孙弘这个人实际上是在汉武帝面前作假，就像民国时期有个军阀，和士兵一起吃饭的时候啃窝窝头，回去燕窝鸡汤炖得好好的，外面穿破棉大衣，里面却穿的是最好的貂皮背心，公孙弘就是如此。季文子和公孙弘都折节，所谓"折节"，在古书上常看到，如"折节"读书。曾国藩有几个部下，器宇很大，但学问不够，受了曾国藩的影响，再回去读书，结果变成文武全才，这情形就叫作折节读书。换句话说，就像一棵树长得很高，自己弯下来，就是对人谦虚，虽然身为长官，对部下却很客气、很谦虚，所谓礼贤下士，也是折节的意思。这段书说，季文子、公孙弘这两个人，到了一人之下万人之上的尊荣，都不摆架子，自己也能俭朴、本素，可是当时以及历史上，对这两个人的毁誉，却完全不同。司马迁对公孙弘是亲眼看到的，写历史的人，手里拿了一支笔，绝不会姑息的，对就是对，不对就是不对。可是中国的历史，大多都是隔一代写的，当代多是记录下来的笔记。由此观之，问题很大，隔了一代，就有许多事情不够真实。但是评论历史人物，却的确需要隔一代。在当代要批评人物，也得留点情面，这就有感情的成分存在，隔一代的评论就不同了，没有情感和利害关系，才能冷静客观。这里的两个人，在当时的为人处世形态和做法是一样的，当代的人很难评论，而后来历史的评论，完全不同。这是什么道理？

范晔称："夫人利仁者，或借仁以从利；体义者，不期体以合义。"

赵蕤说，范晔曾说过，人并不是各个都仁，有些人拿"仁"

来做幌子，在政治上假借仁为手段，以达到个人的私利；另外有些人处处讲义，做事情讲究应不应该、合不合理，可是并不一定是为了一个义的目标而做的。

季文子妾不衣帛，鲁人以为美谈。公孙弘身服布被，汲黯讥其多诈。事实未殊，而毁誉别者，何也？将体之与利之异乎？故前志云："仁者安仁，智者利仁，畏罪者强仁。"校其仁者，功无以殊；核其为仁，不得不异。安仁者，性善者也。利仁者，力行者也。强仁者，不得已者也。三仁相比，则安者优矣。

这仍是范晔的话，季文子身为宰相，他的太太们身上没有穿过好的衣服，鲁国人谈起来，都认为这是自己国家的光荣。可是公孙弘当了宰相，一辈子穿布衣服，而和他同朝的监察御史汲黯（这个人汉武帝都怕他，监察御史的职权大得很，皇帝不对，有时他也当面顶起来。古专制时代的皇帝也不好当的。汲黯讲话不大清楚，有点大舌头，好几次为了国家大事，和汉武帝争吵，他站在那里，结结巴巴讲不出话来，把汉武帝都逗笑了，依他的意见，教他不要急），这个骨鲠之臣，硬作风的人，就当面指责公孙弘是作假。季文子和公孙弘的实际行为都是一样的，可是在历史上，季文子绝对是好的，公孙弘则后世认为他在作假，是什么理由？这就要自己去体会。

用仁义做手段来兴利，或为了天下的利益，或为自己的利益，一是为公，一是为私，差别就在这里。换句话说，历史是很公平的。如果真做了一件事，在历史上站得住，留给后世景仰，是的就是，非的就非。所以前人书上的记载（指孔子的话）说："仁者安仁，知者利仁。"有些部下怕触犯上面规定的法令，怕不合规定，勉强做到仁的境界，这就不是自然的，不是本身思想道德与政治道德的修养。所以，这几种为仁的表现虽然一样，但是仔细考核起来，内在思想上，心理的动机是有差别的。

有些人天生的就仁慈，如以历史上的帝王来说，宋太祖赵匡胤就天生的仁慈。

一部二十四史，几乎没有一个开国皇帝不杀功臣的，只有赵匡胤杯酒释兵权，成为历史的美谈。等于是坦白地说明了，他手下这些将领，在起义当时都是他的同事，当时他只是宪兵司令兼警备司令这一类的官，陈桥兵变，黄袍加身，同事们把他捧起来，当了皇帝，后来他也是很难办。做领袖的确很难，我们常说朱元璋刻薄，杀的功臣最多，如果人生经验体会得多了，到了那种情况，也真没有办法。朱元璋本来很好的，当了皇帝还念旧，把当年种田的朋友找来，给他们官做，可是他们在朝廷里乱讲空话，把当年小时候打架踢屁股的事都说出来，说一次还不要紧，常常说，连其他大臣都受不了，只有宰了。不要说当皇帝，很多人上了台以后，一些老朋友、老同学来了一起做事，也一样以老同学关系，在公开场合说空话。所以赵匡胤当了皇帝，一些同时打天下的人，恃宠而骄，使赵匡胤没有办法，只好请大家来吃饭，酒喝多了，饭吃饱了，对大家说，皇帝这个位置不好坐呀！大家说，这有什么不好坐，大家拥护你到底。赵匡胤说，你们当时把黄袍替我穿上就逼我做皇帝，假使有一天，别人也把黄袍替你们穿上，又该怎么办？这一下大家明白了，站起来问怎样才好，一定听他的。于是赵匡胤说，大家要什么给什么，回家享福好不好？大臣们只好照办。这就叫作杯酒释兵权，没有杀功臣。这是研究赵匡胤的这一面，他确实很仁慈。

另一面来说，因为很仁慈，宋朝的天下，自开国以来，始终只有半壁江山。黄河以北燕云十六州，一直没有纳入版图。因为他是军人出身，知道作战的痛苦，也知道战争对老百姓的残害，他不想打仗，只想过安定日子，拿钱向辽金把这些地方买回来。这是历史另一面的研究。

（选自《历史的经验》）

核心价值如何成为治理手段

中国文化把孝道看得严重，对于家庭教育来讲，素来就有以"忠孝传家"相标榜的。把这个"孝"字在政治上提倡实行而蔚为风气，是什么时候开始的呢？是在西汉以后，魏晋时代正式提倡以孝道治天下。我们看到二十四孝中有名的"王祥卧冰"，他就是晋朝的大臣。以后南北朝、唐、宋、元、明、清一直下来，都是"以孝治天下"。历朝大臣，凡是为国家大问题，或是为爱护老百姓的问题，所提供的奏议，很多都有"圣朝以孝治天下"的话，先拿这个大帽子给皇帝一戴，然后提出建议，这是中国文化提倡孝的好处、优点。

但是天下事谈到政治就可怕了，我们关起门来研究，也有人利用孝道作为统治的手段。谁做了呢？就是清朝的康熙皇帝。清朝孤儿寡妇入关以后，顺治很年轻就死掉了，接着八岁的康熙当皇帝，到十四岁正式亲政。老实讲，那时候如果是平庸之辈，要统治这样庞大的中国，是没有办法的。但这个十四岁的小孩很厉害，从亲政到六十九岁去世，统治了中国六十一年，清朝天下在他手里安定下来。

当时，中国知识分子中，如顾亭林、李二曲、王船山、傅青主这一班人，都是不投降的，尤其在思想上、学说上所做的反清复明工作，实在太可怕了。结果呢？康熙利用中国的"孝"字，虚晃一招，便使反清的种子一直过了两百年才发芽。

清兵入关，有三部必读的书籍。满族人的兵法权谋，学的是《三国演义》，还不是《三国志》，当时几乎王公大臣都读《三国演义》。第二部是在背地里读的《老子》。每一个清朝官员，都要熟读《老子》，揣摩政治哲学，但表面上仍然是尊孔。另一部书是《孝经》。

说到这里，诸位读历史，可以和汉朝"文景之治"做一比较，"文景之治"的政治蓝本，是"内用黄老，外示儒术"。这么一来，康熙就提倡孝道，编了一本语录——《圣谕》，后来叫《圣谕宝训》或《圣谕广训》，拿到地方政治基层组织中去宣传。以前地方政治有什么组织呢？就是宗法社会中的祠堂，祠堂中有族长、乡长，都是年高德劭、学问好，在地方上有声望的人。每月初一、十五，一定要把族人集中在祠堂中，宣讲《圣谕》，《圣谕》中所讲都是一条条做人、做事的道理，把儒家的思想用尽了，尤其提倡孝道。

进一步分析，康熙深懂得孝这个精神而加以反面地运用。

要知道，康熙把每一个青年训练得都听父母的话，那么又有哪一个老头子、老太太肯要儿子去做杀头造反的事呢？所以康熙用了反面，用得非常高明。此其一。

其二，当时在陕西的李二曲（李颙），和顾亭林一样，是不投降的知识分子，他讲学于关中，所以后来顾亭林这班人经常往陕西跑，组织反清复明的地下工作。康熙明明知道，反而征召李二曲做官，当然李二曲是不会去做的。后来康熙到五台山并巡察陕西，又特命陕西督抚，表示尊崇李二曲先生为当代大儒，是当代圣人，一定要亲自去拜访。

当然，李二曲也知道这是康熙下的最后一着棋，所以称病，表示无法接驾。哪里知道，康熙说没有关系，还是到了李二曲讲学的那个邻境，甚至说要到李家探病，这一下可逼住李二曲了。如果康熙到家中来，李二曲只要向他磕一个头，就算投降了，这就是中国文化的民族气节问题。所以他只好表示有病，躺到床上，"病"得爬不起来。但是康熙到了李二曲的近境，陕西督抚以下的一大堆官员都跟在皇帝后面，准备去看李二曲的病。康熙先打听一下，说李二曲实在有病，同时李二曲也只好打发自己的儿子去看一下康熙，敷衍一下。

康熙很高明，也不勉强去李家了。否则，他一到李家，李二曲骂他一顿的话，非杀了李二曲不可。杀了，引起民族的反感。不杀，又失皇帝的尊严，下不了台。所以也就不去了，安慰李二曲的儿子一番，要他善为转达自己的意思，又交代地方官妥为照顾，还对他们说，自己因为做了皇帝，不能不回京处理朝政，地方官朝夕可向李二曲学习，实在很有福气。

康熙的这一番运用，就是把中国文化好的一面用到权术上去了。可是实在令人感慨的是，后世的人不把这些罪过归到他的权术上，反而都推到孔孟身上去，所以孔家店被打倒，孔子的挨骂，都太冤枉了。

（选自《论语别裁》）

欺骗是好的策略吗

长平之战是春秋战国时期一个有名的故事。秦国大将白起打赵国，一夜之间，将赵国降兵四十万人活埋了。在后人的笔记中记载，有人杀猪，刮毛以后，背上现出"白起"两个字，这是讲因果报应，说白起直到现在，生生世世还是在被人宰杀。不管因果报应的事有没有，这是中国的传统思想，战争杀人，是为民族、为国家、为正义，不得已，所以没有罪。但如果为了私怨，尤其是对于已经投降了的人，还把他活埋，罪过可大了。根据历史经验，这样是绝不可能成功的。看清史，曾国藩、李鸿章打太平天国，李鸿章的淮军起来，不得已借用外国人的洋枪队。有一英人叫戈登，带兵帮忙打太平军，打到苏州的时候，有八个太平天国的将领带了好几万人向李鸿章投降，当时答应的条件，是仍旧给他们职务，后来见李鸿章的时候，有个人把他们都抓去杀了，以后这人的结果，还是很不好。而当时戈登对这件事大加反对，一个外国人尚且有这样的正义感，不主张杀投降的人，可见一般人的看法对白起很不以为然。

赵蕤就提出长平之役这件事来讨论，白起这个人算是军事作战方面了不起的奇将吧？

何晏曰："白起之降赵卒，诈而坑其四十万，岂徒酷暴之谓乎！后亦难以重得志矣。向使众人豫知降之必死，则张虚拳犹可畏也，况于四十万被坚执锐哉！天下见降秦之将头颅依山，归秦之众骸积成丘，则后日之战，死当死耳，何众肯服，何城肯下乎！是为虽能裁四十万之命，而适足以强天下之战，欲以要一朝之功，而乃更坚诸侯之守，故兵进而自伐其势，军胜而还丧其计，何者？设使赵众复合，马服更生，则后日之战，必非前日之对也，况今皆使天下为后日乎！其所以终不敢复加兵于邯郸者，非但忧平原之补缝。患诸侯之救至也，徒讳之而不言耳。且长平之事，秦人十五已上皆荷戟而向赵矣。夫以秦之强，而十五已上死伤过半，此为破赵之功小、伤秦之败大也，又何称奇哉！"

这是《长短经》引用何晏的话，评论白起算不算一位奇将。

何晏是魏国人，他说白起活埋了赵国四十万人是一大骗局，答应投降了就没有事，结果大家投降了，又把人家活埋，这不但是性情太残暴，以整个战略而言，实在失策，一定会失败的。假使在投降之前就预先知道投降以后会上当而死，这四十万人就是没有武器，赤手空拳抵抗到底，也很可怕，何况这四十万人身上都穿了坚硬的战甲，手上还拿有锐利的武器，真打下去实在不易征服。不幸，大家相信，而上当受骗而已。白起当时以为做得很高明，实际上是增加了秦国统一天下的困难。他这样一来，天下人都看见了，知道凡是向秦国投降的人，都不会有好结果。投降的将领被砍下来的头颅堆得像山一样高，归秦的众人的骸骨堆起来像丘陵那么多。从这次以后，秦国如果再与人作战，大家都认清楚了，要死的时候就壮壮烈烈地死，反正向秦国投降了也是死，何不抵抗到底。再也没有人肯向秦军投降了。为了希望得到一时的功劳，实际上更加坚定了各国诸侯守土的意志和决心，在战略与政略的道理上说，白起这个做法，是正在进兵的时候，自己削弱了有利形势，军事表面上胜利，而在政治、国际上，使自己的计划走不通。这是什么理由呢？因为赵国虽然失败了，但并没有亡国，假使再起来作战，赵国再出来一个马服君做大元帅，那这下一次战争，就不比前一次，这次秦国就会失败了。况且自白起这一手以后，列国都对秦国备战，秦国统一天下的进度就慢了。后来秦国始终不敢再出兵攻打赵国的邯郸，这不但是因为赵国经这次失败，由平原君起来当统帅，秦国怕了，更重要的是怕各国诸侯联合起来救赵。秦王知道这个道理，内心非常忌讳，只是没有说出来而已。

这一次长平之役，从另一个角度来看，在战役之前，秦国的兵源不够，所以重新发一道命令，变更法令，凡是十五岁以上的青少年都要服兵役，拿了武器，到前方和赵国打仗。这仗打下来很惨，秦国十五岁以上的人，死伤过半。可见白起这一仗打下来，并没有消灭赵国，只是骗了赵国的四十万人活埋，而对于秦国的损害却无法弥补。以将领而论，白起并不是一个好将领。根据一员大将的修养，要懂得政治，懂得策略，有长远的眼光，中国历代一流大将都是文武兼资的。武功很高，很勇敢的，只是战将，不是大将，大将都是有高度的素养，就以近代史而言，大元帅曾国藩就是文人。

这件事就是告诉我们，大而用兵，小而个人。与敌人正面冲突的时候，都是同样的原则，要言而有信，欺骗只可获得一时的胜利，可是其恶果，则是得不偿失。

（选自《历史的经验》）

言必信，行必果，只是小人

三国时的广陵是现在江苏扬州一带，张超是当地太守，他把地方政事交给了下属兼朋友臧洪。有一次曹操在雍丘（现今河南杞县）这个地方把张超包围起来。臧洪听到消息，就光着脚哭着到处替张超求救兵，一面自己也出兵。同时因为袁绍是朋友，也向袁绍求救兵，可是袁绍没有理他。结果张超被曹操消灭，全族被杀。臧洪就为这一件事恨透了袁绍，而和他绝交，朋好变成了冤家。于是袁绍又兴兵围攻臧洪，破城以后，臧洪也被杀掉。

后来一般人讨论这件事，就认为臧洪自己莫名其妙，头脑不清楚。三国那个时代，正是所谓纵横时代，等于战国一样，是没有道义的社会，谈不到要为哪一个尽道义。立身于社会中，对当时的环境看不清楚，而去讲道德、讲仁义，乱世中去讲太平时的高论，当然搞不好。在现在的时代，要想实行三代以上的礼乐之道，是走不通的。因此也可以看到孔子的思想并不呆板，他教我们要赶上时代。

《长短经》的作者赵蕤对这件历史首先提出了一个问题：假定有人问臧洪这样为张超而死，够不够得上是义气？他引用范晔的话，范晔是说，曹操围攻雍丘，消灭张超，臧洪为了朋友，到处请兵，可以说是一种壮烈的情操。而他赤了足，奔走号哭的行为真值得同情。因为英雄豪杰，在某种环境之下，对于是非善恶的取舍，与普通一般人的讲究仁义，在心理上是两样的。我们可以引用西方宗教革命家马丁·路德的名言，"不择手段，完成最高道德"。为了达到最高主义、最高理想，有时候内心尽管痛苦，也不得不做些小牺牲。在平时做人也如此，假定现在朋友、同事之间，家庭有了困难，即使下雨下雪，没船没车，走路也得赶去帮忙。但到了一个非常的时候，自己有大任务在身，那恐怕就不能顾全朋友之间道义的小节了。所以孔子说："言必信，行必果，硁硁然小人哉！"这个话就很妙。孔孟之道总是教人忠信，讲话一定兑现，做事一定要有结果，而孔子却又说这样事事固执守信的只是小人。这么说来，是不是言不必信，讲的话过去了就算了呢？并不是。读书最怕如此断章取义，必须要看整篇才知道孔子的意思。也就是说，大丈夫成大功，立大业，处大事，有个远大目标必须要去完成的时候，有时就不能拘小节，小节只是个人应做的事。如为国家民族做更大的事，个人小节上顾不到，乃至挨别人的骂，也只好如此。

另外一个观念。在三国的时候，袁绍、曹操、张超这一班人，和任何乱世时代割据称雄的人都是一样，有时双方和平订约了，有时双方又打起来，也和现代的国际局势一样，是个非常时期。每逢一个非常时期，不要以为国家之间有道义信用，实际上都是在作战，利害相同就结合，利害不相同就分手。每个人都在打自己的算盘，只要形势上有需要，利害上有关系就做，这是当然的。在这样一个时代，这一点都看不清楚，而去与人讲道义，就只有把命赔进去了。更何况，像三国时候，那种地方军阀互相割据的战争局面下，雍丘是一个非常危险、孤零零的偏僻地方，臧洪只知道自己的朋友张超被曹操毁了，以为袁绍也是朋友，去请袁绍帮忙，却不知道曹操与袁绍之间因为利害的关系已经结合。这就是说臧洪的头脑不够，对时势分析不清楚，如何去做好这工作？他想借袁绍的兵，把曹操打垮，这是很危险的。像吴三桂借清兵去打李自成，结果成就了满族人的天下。

再以《孙子兵法》的思想来讲，不冷静地先求"谋攻"的关键，只是感情用事，以个人愤恨的私见影响作战决策，头脑就昏了，心理上情绪的悲哀、怨恨是军事上的大忌讳。这不只是限于军事，在工作上有时碰到紧急困难的时候，个人的情绪激荡之中，特别要注意，必须把这种情绪先除去，然后才能冷静，才能把事情分析清楚，"谋定而后动"。而像臧洪这样"徒跣且号，束甲请举"，和以前战国时候，吴楚之战，楚被吴打垮了，楚名臣申包胥到秦国去请救兵，在秦庭哭上七天七夜的情形是一样的。这样对个人节操而言是对的，但对事情而言是没用的，不能解决问题。

　　这个历史经验告诉我们，个人的情操是一回事，处理事情的观点、看法、智慧的决定又是另一回事。如申包胥哭秦庭的故事，在他个人是成了千秋万世之名，但为楚国着想，借了外力秦兵去打吴国，前门驱狼，后门进虎，也不是好办法，还没有听说过这样能复国图存的。

（选自《历史的经验》）

圣人不是只讲道德，不讲利害

"内圣外王"是宋朝理学家惯用的名词，实际上这个招牌是庄子的，他们拿来用了，反过来就骂老庄，这种学术态度很不严谨，很不应该。

下面来看庄子是怎样一条一条分析内圣外王的成就的。

故乐通物，非圣人也；有亲，非仁也；天时，非贤也；利害不通，非君子也；行名失己，非士也；亡身不真，非役人也。

——《庄子》

"故乐通物，非圣人也"，所谓圣人的修养，只限于通达人情物理是不够的，圣人还有进一步更高的通达。

"有亲，非仁也"，这个"仁"字与儒家解释仁义道德的"仁"并不违反，而是对孔孟思想更扩大的注解。"有亲"，亲人的私情。所谓真正的仁慈，是爱天下，没有私心。中间有所亲，有所偏爱，那已经不是仁的最高目的。如果是个大宗师，圣人之道，爱是普遍的，像下雨一样，好坏一律平等。

"天时，非贤也"，这也是春秋战国时代对儒家的批判。《论语》提到"贤者辟世，其次辟地"，儒家所谓圣贤之道，非其时不出来，社会环境不对不出来。但是庄子认为，真正的圣贤不为己，所以不论天时合不合都要出来，艰难困苦更要出来，这才是真正的圣贤之道。不过他又转过来说，"利害不通，非君子也"，这一句话也有一点骂儒家的味道，批驳儒家有利害不通之处。历史上看到很多读死书的儒家人，都有这个味道。庄子在当时前后也看到很多，所以认为这一班知识分子没有得道，不懂利害的关键。

道家的所谓通利害，是怎么通呢？历史文化上常有争辩，儒家理论主张所谓临危受命，时代愈艰苦，愈要站出来，救社会，救国家，救天下。可是在中国历史上的儒家人物，真做到临危受命的并不太多，不得已的倒很多。道家表面上看来好像不走临危受命路线，多半认为时代狂澜不能倒挽，而走隐士的路线。

历史上儒家经常标榜中流砥柱，或是倒挽狂澜，气派都很大。中流砥柱，等于说台风过后，石门水库的洪水流下来，一个人站在水中要抵挡水流，大概早就被水冲跑了，抵不住的。所以道家不做这种笨事，中流砥柱看起来很伟大，在那个时势的潮流下，除了一个人送命，历史上可以留名之外，对于社会没有贡献，对于国家没有补益。

道家认为要顺自然之势，就是所谓应用之道。明知洪流一下来，不是堤防能阻隔得住，所以要计算雨量多大，流程多远，等到水流到关键点，打开一条水沟，顺势就把水轻轻带走了。政治也是一样，所谓四两拨千斤，就把那个时代扭转过来了。所以说救世之道，必须要通利害，利害不通，非君子也。

孔子在《易经》中说："知进退存亡，而不失其正者，其唯圣人乎！"只有圣人才真正懂得利害关键，进退存亡之道，而不失其正。假使不知进退存亡之道，就不是圣人，这种观念同道家的完全一样。所以庄子说"利害不通，非君子也"。这不是说君子比圣人差一点，如以学位比喻的话，圣人等于博士，君子等于是个硕士，大学毕业更差一点，这是随便做比方啦！

"行名失己，非士也"，历史上许多人为了好名、求名，所谓留万世之名，亡失掉了自己，这够不上是一个知识分子。我常常跟青年同学讲，关于名、利两个观念，我们不能不提到一个日本人，就是明治维新的大臣伊藤博文。在晚清中兴那个时代，他跟李鸿章是外交的对手，伊藤博文是日本第一批的留英学生，把西洋的风气引介回国，改变了日本。他有两句名言："计利应计天下利，求名当求万世名。"这是全部中国文化思想，更充分表达了儒家的思想。所以说，如果只为个人一己之名，行名而失己的话，这是够不上称为知识分子的。

（选自《庄子諵譁》）

第四章

言行举止没有小事

说错一句话，后悔一辈子

法家的著作《韩非子》中有一篇《说难》，意思是讲说话非常困难，尤其是古代帝王时代，一个好的建议或者一个批评，讲的时候就要预知到有被杀头的后果；话讲对了，也许只是"片言"，却可能立刻晋入卿相之位。

非常奇妙的是，《列子》中有一篇《说符》，显示了说话与思想观念是同时的。从哲学立场讲，言语在没有表达以前，这个内在的叫作思想，思想表达出来就是言语，把言语记录下来就是文字。所以言语、文字就是思想，而思想、言语、文字要怎么样才能相符合呢？拿现在观念来讲，就是把话说对了。如何才是对？必须把《说符》全篇了解后，才可以得一个结论。

历史上这种事很多。唐代有一位诗人叫作温庭筠，学问好，诗也好，名气也大，当时出入于宰相令狐绹的书馆，待遇也好。有一天宰相问他一个问题，他回答说："宰相啊！你大概事情太忙，但公务之暇也要翻一下古书啊，你问的就是《庄子》第二篇里的一句话啊！"宰相听了很不高兴。温庭筠同现在年轻人一样，不会说话，假使他学过道家，一定会答复宰相说，这个不知道是不是《庄子》里的一句话，我也记不得了。再不然就装作不知道，再偷偷地给宰相递一个条子，宰相一看自己就知道了，那更好，大概会给他升官了。可是他不会说话啊！这不是让宰相难堪吗？从此前途没有了。后来温庭筠有两句诗形容，"因知此恨人多积，悔读南华第二篇"，他后悔读书，尤其不该读《庄子》第二篇。

现在青年同学们出去做事，看到这里不对，那里不对，动辄上报告，上万言书，恐怕将来也会"悔读南华第二篇"。人生的境界，善于说话，善于处理事，就是个艺术，并不是光学滑头！现在的教育，很多青年以为自己大学毕业，拿到硕士、博士文凭，爸爸妈妈好像大字只认识七八个，看不起父母，那是非常混账的。

（选自《列子臆说》）

说对一句话，能解救天下

晋文公有一天离开宫廷，召集一个大会，准备出兵打卫国。卫国在齐、晋两大国之间，当齐国强的时候，只能跟在齐国屁股后面跑。晋文公成为春秋五霸之一后，卫国又跟着晋国，小国抱着大国的大腿，很难的哦！卫国这个当家的非常痛苦，不是我们想象得到的。卫国有一点不对，晋文公就想出兵打他。可是晋文公面前有位公子锄，是子侄或是兄弟辈，所谓诸侯之国的世子称公子，"锄"是他的名字。公子锄看到晋文公要出兵，当着他的面仰天哈哈大笑。

各位做人家的部下，讲话要合时啊！知时知量啊！什么时间该讲什么话，不会讲话就糟了。现在你看，晋文公已经穿上元首的衣服，正要出席御前军事会议，马上要出兵消灭卫国。这个多机密啊！只有少数人才知道，公子锄反对这个事，可是不能向晋文公直说不可以打，说不定脑袋就掉下来了，所以他以一个特别的态度表达——仰天而笑。晋文公就问他笑什么，因为他到底还是公子。他说，今天早晨我笑死了，我看到隔壁的邻居送他的太太回娘家，这个男人不老实，在路上看到桑树园里有个采桑的女子，很漂亮，就向这个女的勾勾搭搭，也不管他太太了。他跟这个女的还没有讲完话，回头看看自己太太知不知道，结果看到另外一个男人也同他太太勾搭上了。他说，你看奇怪不奇怪？这一件事情把我肚子都笑痛了，所以我现在忍不住。

晋文公一听，不开会了，也不打了，"公寤其言"，脑子清楚了。换句话说，你一出兵打别人，也有别的国家打你呀！不能这样干啊！有些部队已经到了前方，赶快召回来。前方的部队还没有回来，果然齐国已经出兵打晋国的北部了。如果他要把大军都摆到前方打卫国的话，自己的国家可能被吃掉一半还不止。

公子锄虽然看到，可是晋文公那个威风一来，兴致一动要出兵的时候，正面谏他是阻止不了的。不但阻止不了，还会出问题。你们看《三国演义》，袁绍出兵，那个沮授谏袁绍不可以打，一定会失败的。袁绍不听，把他关起来。当沮授一听袁绍败兵回来，他说，完了，我死定了。为什么？因为晓得袁绍的个性，打了胜仗回来一定不会杀我，因为我说他失败，而他成功了，笑我一顿了事。结果他打了败仗，被我说准了，他就丢不起人，一定会把我砍头的。历史上这种故事很多，因此晓得说话之难。

公子锄这一段故事，虽是讲国家大事，但家庭也是一样，在家里跟父母讲话，也要懂得知时知量，也要会讲，不会讲话父母会气得哭起来。如果懂得讲的话，说不定爸妈正在吵架，听你笑话一讲，两个人就不吵了，要有这个本事。所以做人也一样，遇到危险的大事，讲起话来知时知量，有时候一句笑话就解救了天下。

（选自《列子臆说》）

不在其位，绝不要随便讲话

《三国演义》第三十九回，刘表原配太太死了，大儿子叫刘琦，后娘对他不好，准备让自己儿子上来接位。刘琦急死了，就请教叔叔刘备，刘备很高明，他说，你问我们军师诸葛亮吧。刘琦就问诸葛亮，诸葛亮听到就不答话，故意岔开，刘琦总讲不上话。后来刘琦就告诉诸葛亮，他说，我有个绝版的好书，你要不要看？我这是比喻，差不多是这个意思，诸葛亮也是喜欢搞学问的，就跟他到楼上。诸葛亮一上去，刘琦就把楼梯抽掉，下不去了。刘琦立刻跪下，先生啊！这个时候一个人都没有，你非教我不可。诸葛亮没有办法，他不及孔子，孔子还跑得了，他逃不了。但是，古人说的"疏不间亲"，夫妻吵架，兄弟之间闹家务，第三者绝不能讲话，讲话是最笨的事。

我有一个经验，年轻时很热情，有两夫妻刚刚结婚，都是我朋友，结果两人吵架，都跟我埋怨对方。我想让这两夫妻讲和，跟男的讲，你不要听她的，她就是脾气坏；然后告诉女的，我那个同学好讨厌，你不要理他，过一两天就好了。结果到了晚上，两夫妻和好了，然后说某人讲你坏话耶！弄得我猪八戒照镜子，里外不是人。这就是"疏不间亲"。

诸葛亮说，刘公子啊！你何苦逼我呢？疏不间亲，那没有办法。刘琦说今天只有军师可以救我，诸葛亮就讲历史上太子申生的事。春秋战国的典故你不知道吗？你向父亲请求带兵外调嘛！部队归你掌握，又守了边疆，跟后娘分开远远的，不起冲突。等到你父亲一过世，军权在你手里，爱怎么干就怎么干。诸葛亮只好把历史的故事告诉他，刘琦就懂了。

常常看到年轻同学，有人把公司里的事跟他一谈，他出了很多主意，这就是没有受过好的教育的缘故，你又不是那个公司里的职员，不知道内容，又没有参与经过。你没有参与过就不晓得多么辛苦，就不知道内情。所以由这个道理就要懂天下一切事。"不在其位，不谋其政"，绝不随便讲话，因为你不懂别人的辛苦，固然你是好意，这是做人做事的分寸。

（选自《列子臆说》）

不懂倾听后果很严重

白公问孔子曰："人可与微言乎？"孔子不应。白公问曰："若以石投水，何如？"孔子曰："吴之善没者能取之。"曰："若以水投水，何如？"孔子曰："淄渑之合，易牙尝而知之。"白公曰："人固不可与微言乎？"孔子曰："何为不可？唯知言之谓者乎！夫知言之谓者：不以言言也。争鱼者濡，逐兽者趋，非乐之也。故至言去言，至为无为。夫浅知之所争者末矣。"白公不得已，遂死于浴室。

——《列子》

白公姓白名胜，楚国的领导人。当时他已经发现政体的演变，社会变坏而且乱，有一天他问孔子："人可与微言乎？"微言就是跟禅宗的"机锋"一样，也等于我们平时讲的点你一下，点你一个窍，或者用一句歇后语。

白公胜要问孔子一件国家大事，但是他很会问话，一个人有些话不能明讲，可以用别的方法吗？孔子不答复，为什么不答复？这个里头问题大了，因为孔子始终不肯讲谋略，只讲人道正面的话，对就是对，黑就是黑，白就是白；什么阴谋、阳谋、用兵之道、政治大原则，他全懂，他不讲而已。也因为白公胜所问是决策国家的大事，非常危险，所以孔子不答复。

这里头还有一段故事。

楚国的费无忌是个奸臣，在白公胜祖父面前挑拨，白公胜的父亲太子建就逃到郑国，被郑国杀掉了。白公胜要楚国的令尹（宰相）子西和司马（元帅）子期伐郑，结果这两位大臣不听令、不认同。碰到晋伐郑，子西、子期又不听领袖的命令，要出兵救郑国。白公胜发脾气，郑人现在出了问题，正可以报仇。《春秋》之义，不反对为国家民族复仇，所以白公胜想杀这两位高级部下。但是在朝廷中想除掉两位文武大臣，就像房子要去掉两根主要的柱头一样，很困难。

孔子很不愿意教一个君王做阴谋的事，但是也不反对。

白公胜逼不得已，再问他："若以石投水，何如？"问得高明极了。两个人都在打哑谜，禅宗讲打机锋。孔子不肯参与他的国家大事，而且这种事，要杀人、要救人都是他手里做，孔子又不是白公的宰相，又不是军师，不好讲话。白公胜看他不答复，也懂了，换个方式来，问以石投水，你看怎么样？石头丢到水里就沉底了嘛！就把这两个人消灭了。

孔子的答复更妙，说那不算高明，吴国靠海边水多，那些善于游泳的人，海底的石头都可以拿上来。换句话说，你这个方法没有用，高明的人你不一定杀得掉。

白公胜再问："若以水投水，何如？"水倒在水里头，或者咸水倒在淡水里头，淡水倒在咸水里头，清水倒在浑水里头，你看怎么样？孔子说那也没有什么高明，两条不同的水放在一起，齐桓公的厨师易牙，水到嘴里一尝，就知道是哪里的水，做某一种菜可以，做另外一种不行。

白公听到这里就愣住了，傻了。哎呀！孔老先生啊！照你这样一讲，天下高明人就难办了。白公当时的局面很难，心里想，你难道都不肯点我一下吗？孔子说哪有这个道理，当然可以。其实他开始一问，孔子就已经答复了，他没有懂。第二次又问，孔子否定了。第三次又问，孔子又否定了，还不懂。所以他这个人注定是要失败的，不能当汉高祖，到这一步还是笨笨的，还死问到底，你说这怎么办呢？

"唯知言之谓者乎"，孔子说要懂话的人才给他讲，换句话说是骂了白公，我已经答复你，你不懂嘛！不过孔子看他可怜，又讲"夫知言之谓者：不以言言也"，注意"言言"这两个字，前面这个"言"是名词，是所说的话，后面"言"字变成动词，讲话叫作言。孔子告诉他什么人才算懂话的。所以我常常告诉青年人一个修养，善于听话的人才会善于讲话。能够坐下来听人家乱七八糟地吹牛，听了半天不答复一句话，每一句话都听清楚了，这个人可以当主席了。譬如你们将来有机会当了领导，下面对的不对的，对与不对之间的，黑的白的，各种意见，你统统静静地听，都听得很清楚，然后要点在哪里，几句就答复了。大会主席不容易当啊！不善于听话的人就不会讲话。换句话说，多言的人不一定会听话，他喜欢表达，心就不冷静，所以别人要紧的话听不进去。孔子告诉他，真正的知言人，是无话可讲，不需要讲话，就是已经讲了。孔子看他好可怜，很仁慈地对这位可怜的诸侯说明。

孔子又点他，一个人喜欢吃鱼、喜欢打鱼，他不怕衣服打湿了，不脱衣服也下水，为了追求这个鱼嘛！喜欢打猎的人，他不怕累，拼命地跑，兔子跑多快，他就跑多快，为什么？前面有个目标嘛！"故至言去言"，最高明的话是不讲话也懂了。最高的谋略是要干你就干吧，不能又想吃又想不吃，然后还把秘密告诉我，如果我泄露了秘密你就完了嘛！所以"至为无为"，看起来没有动作。如果智慧不够的人，东问西问，那就完了。他就骂了白公，你问我已经很低级了，你是最高领导啊！权力在你那里，你已经决定了要这样做就做嘛！要干就干，干了以后那人还不知道呢！他还谢主隆恩。结果你却要问我，我不能叫你杀人啊！

白公没有懂孔子的意思，也没有办法，最后被两个大臣叛变所杀，死在洗澡间，多可怜啊！就是笨。

（选自《列子臆说》）

恭维皆毒药

列子有一天到齐国去，还没到齐国，半路就回来了，碰到好朋友伯昏瞀人，就是《神仙传》里的神仙高人。伯昏瞀人问他怎么半路就回来了，他说我害怕，不敢去齐国了。伯昏瞀人说你怕什么，列子说我去齐国的路上，经过十家饭店，有五家都不要我的钱，要招待我，因为名气太大，大家太恭敬，所以怕。

伯昏瞀人说，这有什么不好？列子说，一个人啊，诚诚恳恳反省自己，学问修养都没有到，心中也没有真得解脱之道，虽然懂得了道，还没有成功，但是看外表，别人都讲我有道、有学问。外表的名气太大，形成社会上一种说法，某人不得了哦，再加上有一些学生出去乱宣传，说我有神通，头顶会放光，乱七八糟的虚名，这是很可怕的，是骗人的。我们修道的人怎么可以装出有道、有学问去骗人呢？这是人生的大病！

列子说，君王自己太劳苦了，要找帮忙的人，找我去当伙计，看我有什么功力成果。等于现在年轻人去找工作，工作有的是，你本事在哪里？社会就那么现实，要看你有功劳没有。列子说这样一来，我不是把自己出卖了吗？况且我也没有真本事，所以我害怕，不去报到，半路就溜回来了。这是说，一个人到了最高的位子是很可怕的，世界上的人求的就是高位。在道家观念，一切名利，功名富贵，都是很可怕的，是用生命去换来的，损坏了生命真正的意义，而这些又都是虚伪的。道家跟佛家的思想在宗教、哲学、文学方面都是一样的，注重生命的本源，而不注重其外形。

这一段看起来列子好像是真得道了，他懂得做人处世的道理。修道学打坐啊，明心见性啊，开悟啊，那个是静的道；得了道的人要知道用，懂得用。道不能起用就不能"致中和"，不能"致中和"，你成个死道干什么？为了你修道还弄个蒲团、盖个房子给你住在那里，风也吹不到，雨也淋不到，一天到晚坐在那里，然后还要我到你前面烧香磕头，去你的！你找个洞去钻吧！道学了就是要用的，要起而行之，这就是佛家的大乘之道。那么列子呢？在起用方面，他自己认为不够，因此不想出来，不想出山。

伯昏督人听了列子的报告，就很高兴，赞叹列子的观察很对。他吩咐一句话，你回去先修养自己，只管自己的心，有你这种思想，有你这个观感，社会上的人自然会拥护你、会捧你。讲过这一句话，他们就分手了。没过多少时间，伯昏瞀人去看列子，发现门口外面摆满了鞋子，知道客人很多了，他的群众基础很大了。伯昏瞀人学养比他高一点，近似于列子的老师，也等于好朋友。伯昏瞀人"北面而立"，面向北对着列子家（这是古代的礼貌），把手棍插在地上，"蹙之乎颐"。两颊叫作颐，人站在那里，把那个长手棍支在两颊这个地方，一句话也没有说，回头就走了。

列子家里招呼客人的马上跟列子报告，说那位伯昏老师啊看了一下，没有说话就走了。列子一听，来不及穿鞋子，拿着鞋光着脚就跑去追他，到了大门口，追到了。列子说，先生你既然来了，应该教导我，有好的意见告诉我，使我的毛病改正。

伯昏瞀人说，算了吧！我前面不是已经跟你讲过吗，我说你这样做人很对，避开了名誉、权位，不要钱，不要名，人品非常清高，人家会保你。现在果然不出所料，有那么多群众拥护你、捧你。"非汝能使人保汝"，他说你要注意，并不是你能够使大家来捧你；"而汝不能使人无保汝也"，而是你无法使人不捧你。这就很高了，到了最高境界。

现在的社会观念完全相反，大家都想求知名度，求知名度已经很不容易，再要做到无名，不使人注意，也不受人捧，这是更难了。譬如宋代名诗人辛稼轩的词，"此身忘世浑容易，使世相忘却自难"。人生到这个境界蛮痛苦，忘掉别人，忘掉社会一切的关系，还容易做到，希望别人忘掉了自己，非常困难。别人不会忘掉你，尤其到圣诞节、过年，贺卡一大堆寄来。我很多年的经验，别人寄来了，不得已回一封，但是我很希望不要给我寄来了，晓得过年就算了。但是不可能，常常有贺卡寄来，要回贺卡就很头大，就有这个感觉。

《列子》这些话也是这样，你没有办法使别人忘掉你，能够不捧你，那就是最高了。伯昏瞀人说，因此你用不着问我对你有什么意见，人与人之间是彼此互相的感应，很难讲。我用不着再说什么，你现在有名，在佛学来讲是个大烦恼，是个拖累。人与人之间交游多了，认识多了，群众多了，是要出毛病的，至少会生出烦恼。一个人成名，或者成功，或者有钱，或者有地位，你觉得群众跟你关系很多，面子上很风光，但是你本身精神生命的无谓消耗就太多。可是一般来跟你做朋友的，不愿意告诉你，怕让你难过、刺激你。所以你到了这个地位时，听到的都是恭维的话，没有难听的。这都是别人来整你的，毒害你，因为被捧惯了的人，自己觉得了不起。

你们年轻人，刚出去上讲台时，叫你一声老师，你站在那里两腿发抖；慢慢教书教久了，真以为自己是老师，其实师老都不如，哪里是老师！我当年在师大听到年轻学生亲口告诉我，那个人不过是"叫兽"，不是教授，是会叫的禽兽，年纪大的叫"老叫兽"，年纪轻的叫"小叫兽"。你看人与人之间，竟然是如此！

可想而知，人到了某个地位，所听到恭维的话不是真的，"彼所小言，尽人毒也"，都是毒药，但却使人忘掉自己的本色，真可怜！古人有两句话，"唯大英雄能本色，是真名士自风流"。所谓风流就是潇洒，唯有大英雄才真能本色，我就是我，我没有什么了不起，不管在哪个位子，不管上台下台，我还是我，保持本色。如果是真正的名士，学问好，他本身的言谈举止自然就有潇洒的风度气质，不是故意穿个夹克啊、牛仔裤啊，后面看起来很潇洒，那是假的，那是外形。

（选自《列子臆说》）

精明要有限度，更不能外露

周朝的周公、文王、武王是建立中国文化的中心人物，周朝流传下来的话，"察见渊鱼者不祥，智料隐匿者有殃"。一个做领导的人，当然非要精明不可，但是精明要有个限度，而且精明更不能外露，这是中国做人做事的名言。

"察见渊鱼者不祥"，一个人眼睛太好了，河里有几条鱼都看得清楚，那是不吉利的，这个人会犯凶事，再不然将来眼睛会瞎。这个道理在什么地方呢？譬如我们在儒家的书上可以看到，孔子有一天带颜回一班同学到鲁国的东门去看泰山，好像开同乐会一样。孔子看鲁国的东门时，就问这一班同学，东门有一条白练，像白布一样在走动，不晓得是什么东西。等于孔子测验大家，你们看不看得见啊？结果大家都戴近视眼镜了，看不见。孔子说你们视力太差了，连我老头子都看见鲁国东门有一条白练在走。颜回在旁边说,老师啊！不是一条白练，是一个穿白衣服的人骑在白马上，跑得很快。孔子一听很惊讶，看颜渊一眼，愣了半天不说话，摇摇头。

拿我们现在医学来讲，颜回读书用心太过，把精神外露了，所以四十来岁就走了。

这也是讲做人的道理，觉得自己非常精明，精明里头聪明难，糊涂亦难啊！由聪明转到糊涂是更难！所以精明得太过分了，什么小事都很清楚，就是不吉利。这一句话，我们为人处世千万记住，随时可以用到。有时候在处理一件麻烦事时，你只要想到这个道理，就可以完成很多好事，成就很多事业，自己人生也减少了很多麻烦。

"智料隐匿者有殃"，一个人的智慧很高，很聪明，别人家的隐私虽然你不一定看到，但是一判断就知道。这并不是好事，会有祸害的，这种祸害的原因那就很多很多。

这两句是名言，我们现在只是照文字的讲法，而真正运用在人生的境界上，有很多方面。不过注意！也有用反了的，为了这两句话，守住原则不知变通，你绝对变成一个大糊涂蛋，那必然注定失败。所以，运用之妙，还是在于智慧。

（选自《列子臆说》）

人要小心三种麻烦

狐丘丈人谓孙叔敖曰："人有三怨，子知之乎？"孙叔敖曰："何谓也？"对曰："爵高者，人妒之；官大者，主恶之；禄厚者，怨逮之。"孙叔敖曰："吾爵益高，吾志益下；吾官益大，吾心益小；吾禄益厚，吾施益博。以是免予三怨，可乎？"

——《列子》

狐丘是个地名，丈人是指老先生，也许是道家古代高人，所以本身不留名字。狐丘丈人警告楚国名宰相孙叔敖，有三种事可以招致怨恨。将来年轻同学出去做事，乃至当一个家长，那些兄弟姐妹、太太儿女或者先生都会埋怨的。人只要一管事，所有人都会埋怨。

第一怨，"爵高者，人妒之"。一个人地位一高，任何人都嫉妒。"女无美恶，入宫见妒"，一个女人不管漂亮不漂亮，只要靠近那个最高的领导人，到了皇帝的旁边，所有宫女都嫉妒她，因为上面宠爱嘛。"士无贤不肖，入朝见嫉"，知识分子不管你有没有学问，突然同学里头有一位当了部长，一下入阁了，你们同学一边恭维他，一边心里不服气，你算什么东西啊！我还不晓得你吃几碗干饭吗！嫉妒是必然的。有些知识分子学问好了，怕出来做事，不敢过于信任自己，非常慎重，因为一个错误办法下去，危害社会久远，受害的人很多，看通了，做学问是为自己，去做隐士。有些领导懂这个道理，故意把社会仇恨挑起来，方便自己领导。

第二怨，"官大者，主恶之"。官做大了要非常小心，地位高，出将入相，所谓功高就震主。老板会怀疑你，会害怕你。这是人生经验，不是年轻人所能够想象的。

第三怨，"禄厚者，怨逮之"。待遇高了，担任了重要主体的事，只要有一点错误，大家都怪领导错，不会怪自己。这个很简单嘛，目标高，要打靶，一定往最高处打。所以地位到了最高处，一点都不好玩。不要说地位，像我们年纪大了，稍稍有一点知名度，走一步路都要小心。如果在地上打个滚啊，明天报纸都给登出来了，人生到此真不好玩。

孙叔敖的答复是"吾爵益高，吾志益下；吾官益大，吾心益小；吾禄益厚，吾施益博"。爵位越高我越谦虚，越觉得没有什么了不起，对别人更尊重。官越来越大，我也越来越小心，没有一点傲慢。薪水越拿越多，拿来的薪水帮助社会贫穷的人，帮助亲戚朋友也越多。所以他说这三件事跟自己都没有关系，我还是我，是个平民老百姓，这三种怨都到不了我身上，此所以孙叔敖在历史上成一个名相，不但是名相，也是名臣，同时更是国家的良臣、大臣，了不起的人物。历史上很多名臣，不一定是良臣，不一定是大臣，至于奸臣之类那谈都不要谈了。

孙叔敖还有一件更了不起的事。他在楚国功劳之大，那可不得了，可是他死后，家人生活很困难。晏子、诸葛亮也是这样，这一班历史上所谓名臣、大臣，死后有些人连棺材都没有。而在世时那个威权，一只手就可以把太阳遮住。这是大国文化，历史上这样了不起的人很多，年轻人要注意。

孙叔敖死的时候，家里没有财产，但是他还吩咐儿子，楚王对我非常感激，每次想封我，我始终不要。等我死了以后，楚王一定怀念我，晓得我不肯接受，一定要封你。你可以接受，不过我嘱咐你，好的黄金地段千万不能要，你只问他讨一个坏地方。有一个荒凉的小山坡，很大，平常闲在那里没有用，谁都看不起，没有人要，地名也不好，叫作寝丘，就是做坟墓之地。你要了这个地方，后代子孙才可以永远保留。这就是道家的思想，人之所弃我取之，别人要的，赶快让。

孙叔敖一死，楚王果然要以最好的地方封他儿子。他的儿子也很高明，推辞了。其实历史上还有一段内幕，这就是中国人的老话，"人在人情在，人死就两丢开"。孙叔敖死后，楚王也忘掉他的儿子了，因此有一个"优孟衣冠"的故事，唱戏的优孟看到孙叔敖的儿子那么可怜，楚王忘记了孙叔敖的功劳，就演话剧，扮孙叔敖给楚王看，楚王一看就想起来了。然后这个戏子在台上讲，做人不要做孙叔敖，对国家那么大的功劳，死了儿子在那里挨饿。楚王一听难过了，把他儿子找来，封很好的地给他，那么这个儿子照爸爸的意思，要了那个最坏的地方。楚王当然答应了，孙叔敖的子孙后来永远保有这个坏地方。所以吃亏就是占便宜，千万不要占眼前的便宜，年轻人做人也好，讲话也好，不要只顾眼前，要看结论，这些历史告诉我们的，都是人生的结论。

（选自《列子臆说》）

轻诺者，多半寡信

夫轻诺必寡信，多易必多难。是以圣人犹难之，故终无难矣。

——《老子》

这是老子把人世间的经验累积起来，告诉我们，一个轻诺的人必定寡信。我经常告诫年轻同学，不可随便答允别人的请托。有人托你上街代买一块豆腐，另有个人托你带一包糖，你都说可以，结果回来都忘了，反而害人菜炒不成，咖啡喝不成，误了事。随便允诺则难守信，换句话说，观察一个人，轻诺者，多半寡信。历史上有"侠义道"之说，就是"任侠使气"，喜欢讲义气、管闲事的人叫侠客，这类人脾气大，看不惯不公平的事，自己吃饱饭没有事，喜欢替别人抱不平，坐在家里也吹胡子瞪眼睛。这种任侠的人必定"使气"，因为养气不够之故。但是，一个真正任侠的人，一定"重然诺"的。

比如季布，历史上写这个人就是很重视承诺，你要求他一件事，他不轻易答应，只要答应就一定做到。这种任侠使气的作风演变成后来的帮会流传。现代青年喜欢谈帮会，但并不懂什么是帮会。真正的帮会，有个名词"三刀六眼"，就是"重然诺"。当朋友双方有意见吵架时，第三者答应出来调解，这一个答应的人，就要准备把一条命赔进去。如果两方不听劝解言归于好，自己抽出刀来，在大腿上插三刀对穿成六个洞眼。这三刀六眼很严重，整个帮会的人再没有不听他调解的了。任侠使气是为什么？为了别人两方的平安和谐。

《史记·刺客列传》只举了荆轲这一个人的例子，其实历史上还有很多这样的事例。有人对人家给自己的好处都不理，等到最后老母亲死了才对那人说，你一直对我好，我几十年都记得，为什么不理？因为还有母亲在，现在母亲过世了，我已无牵挂，现在我这条命也是你的，这叫作"重然诺"。所以为人之道，不可轻诺而寡信。人生在世，常想做很多事，帮很多人，结果一样都办不成，因为自己没有那么多精力，没有那么多时间。

《论语》记载，子贡问孔子："如有博施于民而能济众，何如？可谓仁乎？"孔子答道："何事于仁，必也圣乎！尧舜其犹病诸！"想要布施、救天下的人，少吹牛了，救一个算一个，还算切实一点。有一些人动不动要学佛度众生，事实上自己的太太或先生都度不了，还度什么众生呢？

"多易必多难"，把天下事看得太容易了，认为天下事不难，最后你所遭遇的困难更重。天下事没有一件是容易的，都不可以随便，连对自己都不能轻诺。有些人年轻时想做大丈夫，救国家，劝他慢慢来，先救自己，有能力再扩而充之，否则自己都救不了。

一位在国外教学回来的人感慨说："我们从小读书到现在，读了一辈子书，又做几十年事，对于父母所给予恩惠的这笔账，一毛钱也没有还过。"他所说的一毛钱，当然不是完全指金钱，是说一件事情都没有做好，正如《红楼梦》贾宝玉对自己的描述，"负父母养育之恩，违师友规训之德"。许多人，甚至几乎所有的人，活了几十年都还在这两句话中，违背了老师朋友们所规训的道德，一无所成。我们年轻人都应立志，结果几十年都没有做到自己所立的志向，这也是轻诺。所以人生要了解，天下事没有一件是容易的。

"是以圣人犹难之，故终无难矣。"圣人之所以成为圣人，因为重视天下事。他不但不轻视天下事，也不轻视天下任何人。因此，才不会有困难，才能成其为圣人！老子真正告诉我们的，是天下无难事，但是要有大智慧去找出容易的关键，否则都是难事，没有一件事是容易的。

（选自《老子他说》）

喜怒不形于色，才是厉害角色

不出户庭，无咎。

——《周易》

这是《易经》节卦初九爻的爻辞。水泽节，水到了池塘里头，或者海洋里头，就被节制住了。

子曰："乱之所生也，则言语以为阶。君不密则失臣，臣不密则失身，几事不密则害成，是以君子慎密而不出也。"

孔子对这个爻辞的解释，是讲人生哲学的道理，并不是卜卦用的。"不出户庭"表面的意思是说，我们的脚不踏出大门，实际上是说我们的思想不要去到台阶外面，以免出毛病。所谓的保密、机密，就是从《易经》这个地方来的。当祸乱要来的时候，是"言语以为阶"，是你自己先讲出来的，病从口入，祸从口出，爱讲话的人是非就多。"君不密则失臣"，好多的领导人也一样，政府一项任命，还没有发布，外界便胡乱猜测，什么人要任部长了，什么人要做什么了。假使我当老板，我就偏不用这个人。本来我是想用这个人的，经你们大家一哄，我偏不用他。还有大臣的奏议，皇帝随便泄露出去，那你的大臣便再也不会对你有向心力了。

"臣不密则失身"，我们看到历史上的经验，汉唐时代有位大臣，向皇帝上奏折，那很严重啊！回到家里，穿上朝服，门关了在书房里起稿，太太小姐都不能看，不晓得他写的是什么。写好了稿，第二天叫家人把棺材准备好，抬着上朝。谏诤不好，便要死在朝堂。那他为什么还要上奏折呢？一个大臣就是要向老百姓负责，要向国家负责，要向历史负责。大臣上奏折，就是准备着死。所以我们要读奏折，才能了解那一代的历史。古时大臣的奏折，除了皇帝知道外，他绝不对外面讲。古人说话，不但要对自己负责，也要对历史负责，要对千秋万世的后代子孙负责。这种精神只有中国文化里边有。现在的人乱闹一气，不要说管你子孙不子孙，连父母祖先都不管了，还说什么中国文化！

这里谈到大臣对奏折的重视，就是孔子所说"君不密则失臣，臣不密则失身，几事不密则害成，是以君子慎密而不出也"的道理。节卦的道理就是慎密，不要出门，任何事情在没有成功之前，都要慎密。我们平常说某人喜怒不形于色，也就是深藏不露，很有涵养，像刘备一样，才真是厉害的角色。

（选自《易经系传别讲》）

第五章

先学怎么做下属

第一等人都在领导变化

《长短经》这本书大家也许很少注意到它，作者是生在盛唐时代的赵蕤，也是道家人物。他纵有一肚子的谋略学问，但在升平时代，又有什么用处？所以一生没有出来做官，只有著书立说，写了这部《长短经》传世，自己去修道当隐士。虽受朝廷征召，始终不肯出山，因此在历史上，称他赵征君，有名的诗人李白就是他的学生。

中国人都讲李白、杜甫是名诗人，实际上李白一生的抱负是讲"王霸之学"，可惜生的时代不对，太早了一点。唐明皇的时代，天下太平，到天下乱时，他已经死了，无所用处。如果再迟一点，在安禄山、史思明以后的乱局，也许李白可与中唐拨乱反正的名相李泌并驾齐驱，各展所长，在历史上便不只属于诗人文士之流，或者可有名臣大臣的辉煌功业呢！

《长短经》又名《反经》。这个"反"字是说天地间的事都是相对的，没有绝对的善恶，也没有绝对的是非。这种思想源流，在中国文化里很早就有，是根据《易经》来的。古人对于反面的东西不大肯讲，少数智慧高的人都知而不言，只有老子提出"祸兮福之所倚，福兮祸之所伏"，这虽然是中国文化一个很高深的慧学修养，但也导致中华民族一个很坏的结果（这也是正反相对），因为把人生的道理彻底看通，也就不想动了。

其次，所谓反，是任何一件事，看历史，看政治制度，看时代变化，没有绝对的好坏。我们拟一个办法，处理一个案件，拿出一个法规，针对目前的毛病，是绝对的好。但经过几年，甚至经过几个月，就变成坏的。真正懂了其中道理，知道宇宙万事万物都在变，第一等人晓得要变了，把住机先而领导变；第二等人变来了跟着变；第三等人变都过了，他还在那里骂变，终于被时代遗弃而去了。《长短经》的原则就在这里。

这本书在古代，尤其在清朝几百年间，虽然不是明禁，因为是古书，没有理由禁止，可事实上是暗禁的，它所引叙的历史经验到唐代为止。到了宋朝，《素书》就出来了，以前也有，但宋朝流传下来的《素书》是不是汉时原版无从证明。到了明末清初，另一本书《智囊补》出来了，作者冯梦龙是一位名士,把历史经验都拿出来了。我们如把《左传》《国语》《战国策》《人物志》《长短经》《智囊补》以及曾国藩的《冰鉴》等编成一套，都属于纵横术范围以内。长短之学和太极拳的原理一样，四两拨千斤的本事，举重若轻，要想办法掌握力的巧妙，用一个指头拨动千斤的东西。

（选自《历史的经验》《老子他说》）

你是哪一种人才

下面通过《长短经》中的一篇《臣行第十》，来谈谈如何做一个很好的大臣，换句话说，如何做一个很好的干部。

许多同学喜欢讲历史，喜欢读《资治通鉴》一类，高谈阔论，煞有介事，觉得蛮好玩的。不过，读多了历史，尤其读多了《资治通鉴》，反而会害了你。我不是说读历史不好，只是要你明白，过去中国历史的著作是偏重在标榜圣君贤相的人治，你读多了历史，不知不觉间就隐然有以圣君贤相自命的味道，等于每个人看小说、看戏，往往把好的主角隐然自比起来，你总不肯自比戏里的那些坏蛋吧！一个平平凡凡的好人，居家处世，居然在心理上无形中模仿了圣君贤相以自命，岂不自招其祸、不伦不类吗？

人人都说《资治通鉴》好，事实上，也实实在在真好。可是，司马光写这一部通史，它的主要重心是给当皇帝的人看的，是用来教育皇帝的教科书，所以叫作"资治"。资就是帮助、帮忙、资助；治便是政治。它是教皇帝对于古今政治上的得失成败要好好研究，以这部历史来做借镜，做榜样，做反省。你我既非龙种，又非相才，读史便要小心，不可强自入于圣君贤相之列才对。此外，什么《贞观政要》《大学衍义》等书，也都是教皇帝的教科书，重点属于君道，所以望之不似人君的我们，还是先由臣道开始，把臣道学好。

这个臣行所培养的干部，可以说是最高的干部，拨乱反正的干部。他先把臣道分类来讲，正臣六类，邪臣六类，相互做对比。

（一）王者之师

夫人臣萌芽未动，形兆未见，照然独见存亡之机、得失之要，豫禁乎未然之前，使主超然立乎显荣之处，如此者，圣臣也。

赵蕤分类出来的第一种人才是圣臣，如《素书》里讲的伊尹、姜尚、张良，都可算是圣臣，在上古属于三公之流。他们的位置最高，等于现代国家最高的顾问，没有固定的办公室，也没有固定管哪个部门，所谓坐而论道，并不是坐在那里玩嘴巴吹牛。他们的行为就是"萌芽未动"这几句话，天下一切大事，像植物一样，还没有发芽的时候，态势还没有形成的时候，就已经很明显地洞烛机先，知道可不可以做，做下去以后，存亡、得失的机要，都预先看得到，把握得住。在事情未发生之前就预先防止，使他的老板永远站在光荣这一面，能做到这样的，堪称第一流干部，叫作圣臣。在历史上这种第一流的干部，都是王者之师。

（二）眼光高远的大臣

> 虚心尽意，日进善道，勉主以礼义，谕主以长策，将顺其美，匡救其恶，如此者，良臣也。

自己很谦虚，每天帮助领导人做好事，贡献宝贵的意见，这种在古代称为"骨鲠之臣"，骨头硬的大臣，就算自己马上被免职没有官做也没关系。他们主要是为了使领导人走上好的一面，领导人不对的，就是不对。历代都有这种大臣，宋太祖之初有一位大臣去看皇帝，当时皇帝穿了睡衣在宫里，他就背过身子，站在门外不进去，皇帝叫侍卫问他为什么不进去，他说皇上没有穿礼服，一句话把皇帝整得脸都红了，赶快换了代表国家体制的礼服出来接见。虽然这只是一件小事，但这种骨鲠之臣绝不马虎，因为皇帝代表了一个国家。在《清实录》里就讲到，康熙自八岁登基，六十一年皇帝当下来，一天到晚忙得不得了，即使一个人在房里的时候，也从来没有把头上戴的礼帽摘下来，就是如此严格管理自己。所以一个真正好的领导人，对待自己非常严格，这是很痛苦的事，自己如果克服不了自己，而想征服天下，是不可能的。这里讲到的大臣，对领导人要"勉主以礼义"，要劝勉老板守礼行义。"谕主以长策"，告诉老板要眼光放得远，做长久的打算，使他好的地方更好，坏的地方改掉，这个样子，叫作大臣。

（三）夙兴夜寐的忠臣

> 夙兴夜寐，进贤不懈，数称往古之行事，以厉主意，如此者，忠臣也。

忠臣，为国家办事，起早睡晚，同时要"进贤不懈"，就是推荐人才。这件事在中国古代很重要，一个大臣如果不推荐人才是不可以的。这一点就可以看到中国文化的政治道德，前辈大臣用各种方法来培养后辈，予以推荐，而且有好人才就推荐，不可松懈停顿。过去的大臣都是深通历史，如司马光，著有《资治通鉴》，他也是大政治家。他一度被贬回家，后来皇帝有许多事情要找他谈，他接到命令进京。老百姓听说司马相公蒙皇帝召见进京，高兴得跑到郊外去排队欢迎。司马光看见这情形，问明白了原因，立刻往回走，不进京了。这就是太得众望了也不好，这就是司马光做人小心的地方。同时，也就是中国文化与西方文化不同的地方，当荣耀来的时候，高兴不要过头，过头了就不好，花开得最好的时候，要见好便收，再欣赏下去就萎落了。

清初，内廷有一个祖宗规定，皇帝每天早晨起来，一定要先读先朝实录，学习祖先处理政事的经历，可见历史经验有如此重要，不管读得多熟，每天要读一下，以吸收经验，启发灵感。随时以自己历史的经验来辅助皇帝的才是忠臣。

或问袁子曰："故少府杨阜，岂非忠臣哉？"对曰："可谓直士，忠则吾不知。何者？夫为人臣，见主失道，指其非而播扬其恶，可为直士，未为忠也。故司空陈群则不然，其谈语终日，未尝言人主之非；书数十上而外不知。君子谓陈群于是乎长者。"此为忠矣。

这里是以附注的形式,对"忠臣"做进一步的阐述。他说，有人问袁子，故少府杨阜不是忠臣吗？他答复说，像杨阜这样的人，只能称直士，他行直道而已，算不得忠臣。杨阜是三国时的魏人，因打马超时有功，被封为关内侯，魏明帝时又升了官，这人有一个抱负，历史上写他"以天下为己任"，也就是说"天下兴亡，匹夫有责"的意思。因此历史上写他"敢抗疏"。"疏"就是给皇帝的报告，"奏议"是建议，"奏疏"是与皇帝讨论问题，"抗疏"就是反对皇帝的意见。杨阜是常常提抗疏，上面收到他这些意见，看是看了，但往往不大理，他看自己的意见不被采纳，就提出辞官，但没被批准，上面还是认为他很好。历史上有一则故事，有一天他看到魏明帝穿了一件便服，而且吊儿郎当，就很礼貌地告诉魏明帝，穿这样的衣服不合礼仪，弄得皇帝默然，无话可说，回去换衣服。还有魏明帝死了一个最疼爱的女儿，发丧的时候，魏明帝下命令表示自己要送丧，这一下，杨阜火了，他抗疏说先王和太后死了，你都没有去送丧，现在女儿死了要送丧，这不合礼。当然杨阜的话是对的，但魏明帝到底是人主，并没有理他的反对意见。在历史上这类故事很多。

《长短经》在这里借用他对忠臣的意义，做一个阐述。像杨阜这样的人，可称为是一个直士，很直爽，有骨气，但还不够算作忠臣。什么理由？作为一个大臣，发现领导人错了，当面给他下不去。虽然指出他的不对是应该的，但方法有问题，结果是自己在出风头而已。有如和朋友在一起，在朋友犯错时，要在没有第三者在场时，私下告诉他，不能当别人的面说出来，给他下不去。而魏朝的另外一个大臣司空陈群，这个人是非常有名的，学问、道德样样都好。研究三国，魏曹操父子之能够成为一个正统的政权而维持了那么久，不是没有理由的。从另一个角度看，很有他的道理。在曹操父子的部下里头，有很多了不起的人。像陈群就是有名的大臣，有忠臣的风度，他和高级的人员在一起的时候，从来不讲上面领导人的错误，只是直接"抗疏"，送报告上去，指出哪点有错误，哪点必须改。但是他上了几十个奏疏，有的是建议，有的是批评，而他的朋友同僚都不知道他上了疏，自己绝对没有自我表扬。所以后世的人，都尊陈群是一位长者，年高，有道德，有学问，有修养，厚道的人，这才是真正的忠臣。像杨阜只是行道的直士。其实，不但对领导人应该这样，就是对朋友，也应该这样。

（四）明察成败的智臣

明察成败，早防而救之，塞其间，绝其源，转祸以为福，君终已无忧，如此者，智臣也。

智臣在现代的说法，是有高深的远见，成败祸福，事先看得到，老早防着它的后果而采取适当措施。一个政策下来，只看成功的一面，一旦失败怎么办？要早防而救之。"塞其间"，间就是空隙。处理任何一事都必须顾虑周全，即使有百分之百成功的把握，总难免其中有一个失败的因素，就要先把漏洞堵塞掉，把失败的因素消灭了，把祸变成福，使上面领导的人没有烦恼、痛苦、愁闷。这就叫作智臣。

（五）奉公守法的贞臣

> 依文奉法，任官职事，不受赠遗，食饮节俭，如此者，贞臣也。

再其次，就是负责任，守纪律，奉公守法，上面交给任务，负责做到，尽自己的力量，不贪污，乃至送礼来都不受，生活清苦简单，这种人是贞臣，廉洁之至，负责任的好公务员。

（六）敢于讲话的直臣

> 国家昏乱，所为不谀，敢犯主之严颜，面言主之过失，如此者，直臣也。

国家在昏乱的时候，对上面不拍马屁，不当面恭维，而且当上面威严得很，生气极了，谁都不敢讲话的时候，他还是敢去碰，当面指出上面错了的事，这样就是直臣。

赵蕤首先提出来，圣臣、大臣、忠臣、智臣、贞臣、直臣这六种干部，叫作六正。

（选自《历史的经验》《孟子与公孙丑》）

六种反面的人才

具臣、谀臣、奸臣、谗臣、贼臣、亡国之臣是六种邪臣，不是正道的干部。

（一）随波逐流的具臣

安官贪禄，不务公事，与世沉浮，左右观望，如此者，具臣也。

这里的具臣，和《论语》中所讲的具臣又两样了。这里说，有些人规规矩矩，安于那个官位，只要不出毛病，反正拿薪水，对于公事都办，但并不特别努力，随着时代的潮流，沉就跟着沉，浮就跟着浮，对现实把握很牢，随世俗走，这样也可以，那样也可以，现代的名词，"水晶汤圆"就是这种人，又透亮，又滚圆。这种人只是凑凑数的，聊备一员而已。

（二）与主为乐的谀臣

主所言皆曰善，主所为皆曰可，隐而求主之所好，而进之以快主之耳目，偷合苟容，与主为乐，不顾后害，如此者，谀臣也。

拍马屁这一类的，历史上这种人也很多，近代史中最著名的，有清朝的和珅，乾隆皇帝的嬖臣，就是这样。对上面光是："好的！是的！"这还不算，肚子里还在打主意，隐隐地，暗暗摸清主管的毛病，爱好在哪里，然后投其所好，这种投其所好的人，也有他们的一套，一般人很难做到的。譬如说，一位主管，什么都没兴趣，就是好读书，于是谀臣这一型的人，也会装着好读书。所以上面仁义道德，下面满堂都仁义道德。《战国策》里就有这样的故事。齐桓公最讨厌紫色的衣服，他问管仲该怎么办，管仲说这很简单，你明天开始，见到穿紫衣服的走到面前，你就说臭得很，叫他走远一点，这就行了。齐桓公照样做了，一个月以后，全国都没有穿紫衣服的人。所以我们读书要注意，一般人常引用曾国藩的话，社会风气的转变，在一二人的身上。但要知道这一二人不是你我，社会风气就是如此。因此上面好什么，下面跟着就是什么，这是非常大的力量。这一类的人，只是讨好领导人而已，偷偷摸摸，不走正道，专门巴结主管，往往因此害了这位主管，他也不管。这就叫作谀臣。

（三）嫉贤妒能的奸臣

> 中实险诐，外貌小谨，巧言令色，又心疾贤，所欲进则明其美，隐其恶；所欲退则彰其过，匿其美，使主赏罚不当，号令不行，如此者，奸臣也。

这一段说到奸臣了，很明显地说奸臣内心里非常阴险，外表上看起来则小心谨慎，规矩得很。奸臣就是心存阴险，看起来很小心，很会说好听的话，态度上讨人喜欢，而最严重的是忌贤，好人他都妒忌。他要提拔的人，专门在领导人面前说对方的好处，隐瞒其缺点。对于真正的人才，他就在领导人面前，不表示意见，冷冷的态度。点点滴滴造成坏印象，就够了。结果使上面的赏罚不当，该赏的不赏，甚至反而罚了，该罚的没有罚，反而赏了，于是命令下去不能贯彻。这一类的，就是奸臣。

（四）善于离间的谗臣

> 智足以饰非，辩足以行说，内离骨肉之亲，外妒乱于朝

廷，如此者，谗臣也。

谗臣和奸臣很相近，嘴巴坏得很，这种人很多，他的知识渊博，学问好，错了的事，他总有办法，或者以言辞理论，或以行为动作，把错处掩饰过去，很会说话，硬能把人说服。而且他的才智论辩，可以把人家兄弟、父子之间，家属的感情离间，同事相处，也挑拨离间，破坏感情，这是谗臣。

（五）结党营私的贼臣

专权擅势，以轻为重，私门成党，以富其家，擅矫主命，以自显贵，如此者，贼臣也。

像王莽一流，历史上一些篡位的臣子，最后都到了这个程度，这种人就玩弄权了，用他的势力，可以颠倒黑白，以轻为重，自己结成党派，专门搞自己的事，乃至下假的命令，以达到自己的显贵，这种人就叫贼臣。

（六）亡国之臣

谄主以佞邪，坠主于不义，朋党比周，以蔽主明，使白黑无别，是非无闻，使主恶布于境内，闻于四邻，如此者，亡国之臣也。

第六种是亡国之臣，他帮助老板走上坏路，把错误都归到老板一个人的身上，实际上是部属的错误。这一点，由历史、人生的经验看，是非很难讲，公务员没有把事情做好，而老百姓都骂领导人。做领导人的确很可怜，下面常常陷主于不义。任何时代都是如此，工商时代也如此，这是一般人类的心理，很自然的，没有办法，这类人是亡国之臣。

（选自《历史的经验》）

交一个真正的朋友

中国历史上讲朋友的交情，都以管鲍之交做标榜，司马迁的《史记》里也写过，可是《史记》在《列子》之后，所以也可能是用《列子》的材料做参考。这里我们就用《列子》的记载来讲。

朋友这一伦非常重要。一个人啊，有时上不可以对父母兄弟、下不可以对妻子儿女讲的话，只有朋友可谈，痛苦烦恼的心事只有向朋友诉说。但是这种朋友哪里找啊？朋友分类，有经济上的朋友，可以借钱的；有些人你跟他好得要死，但是不要问他借钱，只要借一毛钱，交情就完了；有些是政治上的朋友；有些是点头之交的朋友，街上看见点个头，也是朋友。

可真正的朋友，只有两个人，一个死掉了，一个没有生，所谓"人生得一知己，死而无憾"。好兄弟不一定是知己朋友，没有办法谈心。人家说夫妻意见不同是"同床异梦"，我说胡扯，世上哪有同床做一样的梦！同床一定异梦的嘛！这也说明人与人之间心性很难沟通。真正沟通了，够得上朋友，也很难，所以历史上只有管鲍是知己。很多青年同学有笔友，通信也是朋友，我说三年五年最长了。通信时的好朋友，一见了面，不到三个月，完蛋了，因为理想中的都是好的，现实都是坏的。

管仲与鲍叔牙两人的感情好得很，两人都在齐国，管仲支持齐国公子纠，鲍叔牙支持公子小白，小白就是后来的齐桓公。两个人虽然是好朋友，一个帮老大，一个帮老二。齐桓公的父亲有很多妻妾，可是妻妾不分大小，这样一个混乱的家庭，全国的老百姓已经判断会有大乱。管仲帮公子纠逃到鲁国，鲍叔牙帮公子小白到莒，莒是山东一个县。果然，老王一死，政变起来了。

过了没多久，一位大臣公孙无知看齐王家庭没有人接位，自己想来当王。公子纠和小白都得到消息，哪个先回来就接王位。二人在路上碰到了，就打起来。管仲拿起弓来，想把公子小白一箭射死，刚好射在皮带的铜环上，打不进去了，这不是命吗？结果小白先进齐国，当王了，就是齐桓公。小白威胁鲁国，要它把哥哥公子纠杀掉。帮忙公子纠的是召忽、管仲两人，召忽当忠臣，就拔剑自刎死了；管仲不肯死，被鲁国抓去关起来。齐桓公已经当了王，写公文要引渡管仲到齐国来。

管仲做了囚犯，戴上手铐，从鲁国一回来，马上就要被杀头。鲍叔牙告诉齐桓公，管夷吾的才能很大，可以治国，做宰相。齐桓公一听，你老兄怎么搞的，他是我的仇人呀，一箭几乎送了我的命，我就想把他要回来杀掉的。想当工商领袖、政治领袖的要注意，鲍叔牙说了一句话："吾闻贤君无私怨。"一个好领袖不计私仇，没有私怨，但问是不是人才，能不能替国家做事。私怨算什么？你又没有死，还记这件小事干吗？你要找一个人才多难啊！这是历史上的名言，做人也是一样。你看鲍叔牙这个时候多得意啊！齐桓公靠他保进来，当了王，当然对鲍叔牙言听计从。所以他又说了第二句话："且人能为其主，亦必能为人君。"你要知道，他当时保你哥哥，当然为你哥哥尽忠，我当时也想把你哥哥杀掉啊！人各为其主嘛，他既然能够忠心帮助他老板，如果你把他收服，他也能帮你，这个道理你不懂吗？"如欲霸王，非夷吾其弗可"，除了管仲，没有第二个人可以帮助你成霸主。

齐桓公在历史上是窝囊君王，什么都不能，又好吃好玩，就是用了管仲、鲍叔牙，成功了，实际上只用了一个管仲。像他那么一个花花公子，能当领袖就是因为懂话、听话，只要是对的，他就听，于是马上把管仲从鲁国引渡过来。鲍叔牙很了不起，虽当了部长以上，还跑到飞机场老远在等。齐桓公在办公室门口欢迎管仲，给他行个礼，马上发表官位，"而位于高国之上"，高国是齐国权威最高的，也就是当宰相了。

你看鲍叔牙这个朋友，管仲这一条命都是他救的，管仲穷的时候，吃饭都是靠他。这时管仲在他推荐之下当了宰相，鲍叔牙则"以身下之"，看到他就行礼，看到管仲坐在上位，他绝不敢坐在旁边，这就值得学习了。像我有两位朋友，当年一起都是少将，后来一位升了中将，两人本是好朋友，出去的时候，该在一起嘛，却一个走在前面，一个就站在旁边。我说这就是他的成功，懂吧？朋友是朋友，阶级不同，代表国家职位，公事上要这样。如果到私人家里，骂架都可以，但不能给人家看见！

花花公子齐桓公什么都不管，一切交给管仲，而且还不称他宰相，也不叫先生，叫他"仲父"。这个名位大了，这不是官位，仲是管仲的号，父是代表男性，大丈夫，是尊敬。刘备对诸葛亮是朋友相处，齐桓公对管仲是以老师对待。中国历史上的名言，"用师者王，用友者霸，用徒者亡"，这是孔子的学生曾子说的。能谦下于人，把人才当老师看待，可以称王。刘备用诸葛亮以朋友相处，所以只能守一个小小的局面称霸。用学生的，不讲了，下面文章有。这三句名言，古今中外历史，都没有违反的。齐桓公遂在国际上称霸，领导一个时代。

管仲尝叹曰:"吾少穷困时,尝与鲍叔贾,分财多自与;鲍叔不以我为贪,知我贫也。吾尝为鲍叔谋事而大穷困,鲍叔不以我为愚,知时有利不利也。吾尝三仕,三见逐于君,鲍叔不以我为不肖,知我不遭时也。吾尝三战三北,鲍叔不以我为怯,知我有老母也。公子纠败,召忽死之,吾幽囚受辱;鲍叔不以我为无耻,知我不羞小节而耻名不显于天下也。生我者父母,知我者鲍叔也!"

这一段是有名的文章,也是名言。管仲平常感叹,他说我跟鲍叔牙合伙做生意,赚了一点钱,我就多拿,给他的少,鲍叔牙并没有怪我贪心,他晓得我很穷。这一点我们就很难办到,一毛钱都要争得脸红,两毛钱就流鼻血了。鲍叔牙托我干的事,我没有一样给他做好,他没有怪我笨,只说我运气不好。我三次当公务员,三次都被赶掉,鲍叔牙没有认为我不对,晓得我运气没有来,时间没有到。我做军人去作战,屡战屡败逃回来,鲍叔牙不认为我窝囊,他晓得我还有一个老母在,我死了妈妈怎么办?别人都笑死我了,只有鲍叔牙可以原谅我那么没有勇气。这一次政变,公子纠失败,召忽自杀,但我没有,为什么?我认为自杀对国家天下没有贡献,小忠小孝而已。我要大忠于天下,不愿意死,只有鲍叔牙懂我,所以"生我者父母,知我者鲍叔也"。这就叫管鲍之交。

此世称管鲍善交者，小白善用能者。然实无善交，实无用能也。实无善交实无用能者，非更有善交，更有善用能也。召忽非能死，不得不死；鲍叔非能举贤，不得不举；小白非能用仇，不得不用。

当领袖的只要一个人真能干，能够治天下国家，有助于他，他就会用，所以是"善用能者"。其次说到"善于交者"。《论语》提到另外一个齐国名宰相晏子。晏子名叫晏婴，是有名的矮子。他跟孔子交情很好，《论语》里有一句话，"晏平仲善与人交，久而敬之"。交朋友要像晏平仲一样，尤其"久而敬之"，跟他做朋友越长久，越发现他的长处，对他越起恭敬心。恭敬心很难，朋友交久了以后，等于男女恋爱时，彼此客气得要命，彼此能够原谅，明知他是错的，也觉得很可爱。结了婚以后，明明是长处、很可爱的地方，反而非常讨厌。这就不是"善与人交，久而敬之"了。

历史上记载，本来齐景公准备请孔子到齐国去，把政权交给他打理，但是晏子反对。看起来好像晏子对孔子很不好，仔细研究，这就是孔子佩服他的地方。因为当时齐国已经很乱，孔子如果来了，后果不堪设想，恐怕自己和弟子的命都会送在齐国。晏子为了爱护他的领袖，也爱护孔子这个朋友，宁可让这件事办不成。这就是所谓善交，管仲也是一样。

"然实无善交，实无用能也"，这是说其实管鲍不是真正的善交，齐桓公也不算真用能者。这个话很刻薄了，像管鲍的交情还不算善交，像齐桓公的度量还不算真用能者，这是什么理由啊？

下面就是《列子》的哲学，"非更有善交，更有善用能也"。这个话很难懂了，一个真正善于交朋友的人，并没有一个目的要善交，要做到对每一个朋友好，或者对某个朋友好，有这个观念已经做不好了，所以"实无善交"。

一个领袖或老板，想把每个人用得很好，对每一个人都很优待，那也用不好。因为人的个性各自不同，譬如汉高祖，豁达大度，一边骂人，一边喝酒，一边还在洗脚，一边召见大将军。有人说你这样没有礼貌，好，好，不要洗脚了，听你的。这是他的天性，态度非常天然诚恳，没有故意的"善于用能"或者交朋友。如果故意要善交，有此存心，一定做不好。这是该篇的宗旨，就是力与命。天然有领袖气度与才能的人，自然做得很合适。所以像鲍叔牙对管仲，也是自然天性。这在中国文化里就叫作友爱，所谓"兄友弟恭"，兄弟朋友之间真正的好、真正的爱。如果为了学佛学道，或者讲道德，才对兄弟朋友特别好，已经不对了，是假的，做不好的，要自然天性才行。

下面对这段历史再做评论，这是道家的看法，很深刻。"召忽非能死，不得不死"，并不是召忽必须要为公子纠尽忠，非死不可，事实逼到那里，不得不死，也非死不可。我们经常讲历史上忠臣非死不可，有一句名诗，"千古艰难唯一死，伤心岂独息夫人"。湖北长江边上有个息夫人庙，纪念春秋时的息国夫人。息夫人很漂亮、很有名。息国是小国，楚王好色，听到息夫人很漂亮，要息国把太太送上来，息国不肯，结果就被消灭，息夫人还是被楚王抢去了。历史上对息夫人有所微词，说她当时为什么不死，有人不同意，才说"千古艰难唯一死，伤心岂独息夫人"。中华民族要求尽忠，结果变成要求去死，但是死并不是那么简单的。

以召忽跟管仲来讲，管仲当然不会死，因为他与鲍叔牙商量好的，一个帮小白，一个帮公子纠，也就是故意安排的。管仲晓得成功的那一方有好朋友鲍叔牙在，到时候一定会帮忙保全他。这是后人很尖刻的看法，老实讲是不应该的，如果这样评断，世上就没有一个真好人。换句话说，人用这种眼光来看历史、看古人，是很有问题的。所以《列子》论这一件历史事实的时候，看法就不一样，只讲"召忽非能死，不得不死"，等于文天祥、岳飞一样，不得不死，这就是"死有重于泰山"，这一死的价值在历史上的分量很重。

"鲍叔非能举贤，不得不举"，他说鲍叔牙为什么推荐管仲呢？他是不得不举啊！齐桓公称霸，需要人帮助；鲍叔牙知道自己不是这块材料，几个高级干部也做不到，观察天下人才，只有管仲，因此不得不推荐管仲。

"小白非能用仇"，明明是仇人，恨死了，结果用了之后自己成为一代名君。并不是齐桓公度量真正大，而是"不得不用"，这就是"力"的问题。力就是那个趋势，当你肚子饿极了，看到一碗饭，实在不应该吃，不属于你的，可是已经饿了四五天，那个形势下就不得不吃。人到了某个时候，看到毒药都要吃下去，就是不能不如此。

但是我们要知道，历史告诉我们的是人生经验，做人用人时，有时候是不得不用，有时候是不能用，不应该用，有时宁可死，以换取生命的价值。这一句话，文字上是那么讲，但是我们也要了解，所谓鲍叔牙不得不举，小白不得不用，那是利害关系，而其中仍有了解、友情、欣赏等感情因素，绝非只有利害的想法。我们的思维观念，对别人的作为，不可轻易认定为利害关系。

（选自《列子臆说》）

如何给领导选副手

及管夷吾有病，小白问之，曰："仲父之病病矣，可不讳。云至于大病，则寡人恶乎属国而可？"夷吾曰："公谁欲欤？"小白曰："鲍叔牙可。"曰："不可；其为人也，洁廉善士也，其于不己若者不比之人，一闻人之过，终身不忘。使之理国，上且钧乎君，下且逆乎民。其得罪于君也，将弗久矣。"小白曰："然则孰可？"对曰："勿已，则隰朋可。其为人也，上忘而下不叛，愧其不若黄帝而哀不己若者。以德分人谓之圣人，以财分人谓之贤人。以贤临人，未有得人者也；以贤下人者，未有不得人者也。其于国有不闻也，其于家有不见也。勿已，则隰朋可。"

——《列子》

管仲年纪大了，临死之前，齐桓公来看他，很恭敬地说，"仲父，你的病严重了，你不忌讳我讲一句话吧？"大概管仲点个头表示可以，他就问了："我找谁接你这个位子呢？"

管仲一听，说你心里想交给哪一个啊？因为小白下面有两派，一派就是三个好人，管仲、鲍叔牙、隰朋；另一派是马屁派，有竖刁、公子开方、易牙三个最坏的，管仲等人在位置上，他们三人不敢动。易牙是名厨师，齐桓公有一次讲，天下美味我都吃过了，只有人肉没有吃过。第二天易牙给他做了一碗肉，特别好吃，他问这是什么肉啊？易牙说你没有吃过人肉，我把我的儿子杀了给你吃。易牙就是这样一个人，如果要修个马屁庙，庙里的祖师爷就应该是他了。历史上有名的皇帝，像周宣王、汉宣帝、唐太宗这些人物，这一套就吃不开了，这种人立刻疏远，不要了，不把他杀掉已经很客气了，因为这个行为违反人性。齐桓公就属于历史上不同的一个人，觉得易牙杀儿子给我吃，对我感情太好，所以才有这样三个小人在旁边。

　　年轻人要注意，作为干部，你看管仲的大臣风度，我们年轻同学没有经验，被领导这一问，可能就会说交给老王啊、老李啊。管仲不是，"公谁欲欤？"他先把小白的心理抓住，防止他后面乱，你心里想交给谁啊？这一句把小白问住了，他不敢对管仲讲的，这时他有点怕管仲，不是权威的怕，是道德上尊敬。所以管仲就是叫他自己讲出来。一个领袖不能随便讲话，他只好提正派的人物，说鲍叔牙可以接你的位子吧？这是管仲最好的朋友，但是管仲说不行！前面说"生我者父母，知我者鲍叔"，管仲一生的事业在历史上留名，诸侯间第一位名相，权位之大，是鲍叔牙培养出来的，宰相位置你不干，总该他干了吧？管仲却说不可。这才是真朋友，当然只有管仲能做这样的朋友，也只有鲍叔牙有这样的朋友。如果是别人，不恨死才怪，我帮了你一辈子，你要断气了还不推荐我！结果鲍叔牙听了，不晓得多么感激管仲！什么理由？这是历史上的大人物、大作风。

管仲把鲍叔牙看得透透的，他说鲍叔牙人格太好，不能干大政治。头脑太清醒的、太爱干净的人没有福气；反而脏兮兮的、邋里邋遢的，福气好得很。中国人讲话，选媳妇要选一个丑一点的，"福在丑人边"，太漂亮就红颜多薄命，同样的道理。鲍叔牙这个人太好了，既规矩，又清廉，人格高尚，要求自己太干净了，不能玩政治。难道政治是坏人玩吗？不是。大政治家能够包容好人，也能够兼容坏的，黑的白的，五颜六色，他都能够包容。这个社会就是形形色色，要能够包容得了形形色色才行。鲍叔牙对于不如他的人，比他穷的人、学问、人格、一切不如他的人，宽大得很，能够包容。可是有个毛病，你如果做错一点事，讲错一句话，人格有一点毛病，他会牢记，认为这个人不行。这一种好人社会上很多哦，主观成见特别强，这怎么可以做领导人啊！你如果把国家、全国的政治大权交到他手上，搞不好对不起国家，对不起老百姓，也对不起你齐桓公，而且充其量干一两年就出大毛病。

这就是管鲍之交，管仲敢讲"生我者父母,知我者鲍叔"；换过来鲍叔牙也可以讲"生我者父母,知我者管仲也"。

既然鲍叔牙不行，那谁行呢？管仲说，要实在找不到合适的人，可以把政权交给隰朋。隰朋这个人，才具没有管仲好，但人很可爱，管仲对他的评语是"其为人也,上忘而下不叛"。他作为部下，长官不会害怕他，不会防备他，觉得他很可信任，因为上面会忘记这个人。你说谁能够做到？像我们坐在办公室里，你再好，坐在旁边我也不会忘记啊！觉得有个人坐在这里是一种妨碍。如果一个人坐在这里，使我们忘记了他，这个人不是菩萨就是鬼了。那真是好人啊，好得使你忘记他。如果上面随时记着你，那要命了，这件事不能让你知道，让你看到不行，那就难办了。这个忘不是忘记你这个人，是忘掉你在这里的妨碍，这样就没有压迫感了。年轻同学能做到这样就成功一大半，后面就好办了。部下对他没有不信仰的，没有部下会违背他。这一句考核，说明这个人已经可以当宰相了。

"愧其不若黄帝"，他的道德还不止如此，他自己每天总觉得自己的学问道德不够，天天求进步，惭愧没有像我们老祖宗黄帝那么伟大。"而哀不己若者"，对部下有些程度不及他、人品不及他的，很怜悯同情，没有傲慢，没有看不起人。"以德分人谓之圣人"，能够以道德感化人的是圣人。"以财分人谓之贤人"，能够拿经济钱财帮忙别人，已经够得上贤人。"以贤临人，未有得人者也"，这个"临"字要注意，居高临下叫作"临"，自己觉得有能力有恩惠给人家，有贤德给人家，有居高临下的姿态，这个人不能当领袖。换句话说，你有道德也不足以骄慢人，你对人家有好处，早就应该忘掉。我几十年来常常碰到这种人，他牢记自己对人如何如何好，这一种人就不行了，所以施恩不忘的人不能做领导。如果施恩于人的话，当下就要忘掉，不要希望人家报答你。而我们受恩的人，一辈子不能忘记报答。所以"以贤下人者，未有不得人者也"，施恩不忘报的人，别人对他一定非常恭敬，一定服从他的领导。

管仲评论隰朋，说他是个贤德之人，但是他谦虚，能够下于人，"其于国有不闻也，其于家有不见也"，他那么好的道德有些人还不知道，这一句话更显示他的优点了，乃至他家里的人，对他还没有这样彻底的了解。所以管仲的结论是"勿已"，你要实在找不到人，"则隰朋可"，就把宰相的位子交给隰朋吧！

　　然则管夷吾非薄鲍叔也，不得不薄；非厚隰朋也，不得不厚。厚之于始，或薄之于终；薄之于终，或厚之于始。厚薄之去来，弗由我也。

"然则"是古文写法，就是这样一件事。"管夷吾非薄鲍叔也，不得不薄"，这就是政治上，也是人生最高哲学。列子说这样讲起来，管仲并不是看不起鲍叔牙，并不是轻视这个朋友，他对齐桓公不得不把鲍叔牙的优点与缺点讲出来。"非厚隰朋也，不得不厚"，管仲对隰朋这个人也并不是特别优厚，而是为了国家，为了齐桓公对他的感情，必须找一个为国家、为老百姓真正做事的人。

"厚之于始，或薄之于终；薄之于终，或厚之于始"，人的交情，有些朋友一开始好得不得了，亲热得很，厚道得很，最后搞得非常薄，刻薄。有些则是开始清淡，马马虎虎，最后非常之好，所以人生一切事情要看结论、看结果。但是看结果就很难，所以讲"厚薄之去来，弗由我也"，总之不要有主见，没有我见，没有成见，应该完全为公。在做人的道理上，要完全为真理，这样才对。

（选自《列子臆说》）

你的老板有前途吗

汉高祖平定天下以后，最初是没有制度的，每天上朝开会，文官武将和他吵，乱七八糟，简直没有办法。叔孙通本来是秦始皇时代的一个儒生，为了保持文化道统，也曾跟过楚霸王，意见行不通，后来跟随汉高祖。而汉高祖也是拿读书人的帽子当便壶用的，见读书人就骂。所以叔孙通最初连饭都吃不上，什么气都受。有学生问起什么时候才能达到保持文化道统的目的，叔孙通说不必心急，现在是用武力打天下，用不着我们读书人。

等到汉高祖平定天下，他去见汉高祖，建议制定礼法。汉高祖斥责他说："乃公居马上而得之，安事《诗》《书》！"意谓："格老子，我的天下是骑在马上打来的，你读书人算什么？去你的！"这时叔孙通就顶他了："陛下，天下可以马上得之，但是不可以马上治之。"天下你是打下来了，但是将来治理天下，不能永远打下去呀！汉高祖这种人是真正了不起的领袖，个性固然强，可是别人有理由他一定会听。

听了这话认为有道理，问该怎么办，叔孙通于是替他拟订计划，建立制度。几个月以后，把所订的制度礼仪"朝班"都演习好了，再请汉高祖出来坐朝，那种仪式，那种威风，真和当年打仗乱七八糟的不同，俨然是大汉皇帝气派。汉高祖这一舒服，才知道读书人有这么大的用处。

当汉高祖还没有起来，秦始皇焚书坑儒时，叔孙通有办法自保。在秦始皇死了，二世接位以后，召集知识分子开会，向大家说，据说外面在造反，有没有这回事？那些知识分子听了以后，都说真话，说外面有许多人在造反，并劝二世改过。唯有叔孙通说外面没有造反，只不过是些小偷而已，是乱传话说造反的，二世听了，认为很对，非常高兴。可是叔孙通讲过这个话，自己就溜走了，他知道秦朝这个政权没有希望了。所以《长短经》就说，叔孙通"阿（阿谀）二世"是一个知识分子应该做的吗？于是赵蕤引证司马迁对这件事的批评，也就是他在《史记》上留给后人对历史的看法。

叔孙通对历史的关键之举，如"朝班"制度，自汉代由他建立以来，虽然历代各有不同沿革，但一直到清末，实行了几千年。我们再从文化史的观点来看，叔孙通是了不起的人物，自汉代以来，中国实际上的政治体制思想，一直受他的影响。所以司马迁反对一般人对叔孙通小节方面的批评，他从大处着眼下笔，说叔孙通："夫量主而进，前哲所趑。

叔孙生希世度务，制礼进退，与时变化，卒为汉家儒宗。古之君子，直而不挺，曲而不挠，大直若诎，道同委蛇，盖谓是也。"王允说《史记》是一部"谤书"，毁谤汉朝的大著作，换句话说是毁谤历史的大著作，但在当时不大看得出来。《史记》的字句，司马迁是斟酌又斟酌，像"量主而进"这四个字，用得非常好，就是"良禽择木而栖，良臣择主而事"，测量测量老板，跟随他有没有意义，前途有没有希望。"前哲所赿"，前辈哲人（代表贤人、圣人、有道德学问的人）都认为这样是对的，是应该的原则。这八个字，已经把一般人对叔孙通的评论推翻了。

司马迁再为这个"生"字做申论说"叔孙生希世度务"。"生"是先生。就是说叔孙通为了继承文化，不致中断，希望有个好的社会，执行正统的文化。进退之间，他看得很清楚，在秦始皇时代，他没有办法，只好跟着时代变，并没有完全依照古礼。他非常懂得适应时代的环境，以应变达到最后的目的，结果目的都达到了。他跟随汉高祖，最初在汉高祖忙于军事的时候，等于当个附员，闲的差事，拿一点薪水，维持最低限度的生活，到后来不但开创了汉朝四百年的制度，更影响了中国几千年的制度，成为一代儒宗。

司马迁更进一步引申，古代所谓君子之人，"直而不挺"，像一棵树一样，世界上的树都弯下去，只有这棵树是直的，但这棵树也很危险，容易被人砍掉，所以虽然是直的，但有时软一点而并不弯曲。在这种时代是很难处的，不愿意跟大家一起浮沉，就显得特别，就会吃亏，但要配合大家，和大家一样又不行。在"致曲则全"的原则下，必须保持一贯的中心思想。所以真正直道而行的人，就"大直若讪"，看起来好像不会讲话。"道同委蛇"，做人的法则好像太极拳一样，跟着混，结果达成目的，这就是叔孙通的做法。

这是说臣道的宗旨，一个人在时代的变化中，为社会、为国家、为民族文化、为个人，要站住已如此之难，站住以后要达到一个为公的目的就更难了。

（选自《历史的经验》）

一个下属的自我修养

（一）冲而用之或不盈

> 道冲而用之或不盈。渊兮，似万物之宗。挫其锐，解其纷，和其光，同其尘。湛兮，似或存。吾不知谁之子，象帝之先。
>
> ——《老子》

"冲"与"盈"是对等性的。冲，便是虚而不满，同时有源远流长、绵绵不绝的含义。如果解释为用中而不执一端或不执一边的意思，也可以相通。总之，道的妙用在于谦冲不已，犹如来自山长水远处的流泉，涓涓汩汩而流注不休，终而汇聚成无底的深渊，不拒倾注，永远没有满盈而无止境。

从个人修养来讲，要能冲虚谦下，永远不盈不满，来而不拒，去而不留，除故纳新，流存无碍而不住。凡有太过尖锐，特别呆滞不化的心念，便须顿挫而使之平息。一切不为太过、太甚。

从事功方面来讲，受到老子思想的影响，建立一代事功的帝王，严格说来，只有汉文帝和清初的康熙。退而求其次，用历史上名将相的事功，来说明老子"冲而用之或不盈"以及"挫其锐，解其纷"的作为，也可"得其圜中，应用无穷"了！

郭子仪是道道地地经过考试录取的武举异等出身，历任军职，到了唐玄宗（明皇）天宝十四年，安禄山造反，才开始诏命他为卫尉卿、灵武郡太守、克朔方节度使，屡战有功。当唐明皇仓皇入蜀，皇太子李亨在灵武即位，后来称号唐肃宗，拜郭子仪为兵部尚书、同中书门下平章事，仍总节度使的职权。转战两年之后，郭子仪从帝子出任元帅的广平王李豫，统率番汉兵将十五万收复长安。肃宗曾亲自劳军灞上，对他说："国家再造，卿力也。"但在战乱还未平靖，到处尚需用兵敉平的时候，恐怕郭子仪、李光弼等功劳太大，难以驾驭，便不立元帅，而派出太监鱼朝恩为观军容宣慰使来监军。

一个半男半女的太监又懂得什么，但他却代表了朝廷（政府）和皇帝，处处加以阻挠，动辄掣肘，致使王师虽众而无统帅。在战场上，各个将领互相观望，进退失据。不得已，又诏郭子仪为东畿山南东道河南诸道行营元帅，鱼朝恩因此更加忌妒，密告郭子仪许多不是，因此又诏郭子仪交卸兵权，回归京师。郭子仪接到命令，不顾将士的反对，瞒过部下，独自溜走，奉命回京闲居，一点也没有怨尤的表示。

接着，史思明再陷河洛，西戎又逼据首都，经朝廷（政府）公认，郭子仪有功于国家，现在大乱未靖，不应该让他闲居散地。肃宗才有所感悟，不得已，诏他为诸道兵马都统，后来又赐爵汾阳王。可是这时候的唐肃宗已经病得快死了，一般臣子都无法见到。郭子仪便再三请求说："老臣受命，将死于外，不见陛下，目不瞑。"因此才得引见于内寝，此时肃宗亲自对郭子仪说：河东的事，完全委托你了！

肃宗死后，当时和郭子仪并肩作战、收复两京的广平王李豫继位，后来称号为唐代宗，又因亲信程元振的谗言，暗忌宿将功大难制，罢免了郭子仪的一切兵权职务，只派他为监督修造肃宗坟墓的山陵使而已。郭子仪愈看愈不对，一面尽力修筑好肃宗的陵寝，一面把肃宗赐给他的诏书敕命千余篇（当然包括机密不可外泄的文件）统统缴还上去，才使代宗有所感悟，心生惭愧，自诏说："朕不德，诒大臣忧，朕甚自愧，自今公毋疑。"

跟着，梁崇义窃据襄州，叛将仆固怀恩屯汾州，暗中约召回纥、吐蕃寇河西，践径州，犯奉天、武功。代宗也同他的祖父唐明皇一样，离京避难到陕州。不得已，又匆匆忙忙拜郭子仪为关内副元帅，坐镇咸阳。这个时候，郭子仪因罢官回京以后，平常所带的将士都已离散，身边只有老部下数十个骑士。他一接到诏命，只好临时凑合出发，借民兵来补充队伍，一路南下，收集逃兵败将，加以整编，到了武关，又收编驻关防的部队，凑了几千人。后来总算碰到旧日的部将张知节来迎接他，才在洛南扩大阅兵，屯于商丘。因此，又是军威大震，使得吐蕃夜溃遁去，再次收复两京。

大概介绍了郭子仪个人历史的几个重点，就可以看出他的立身处世，真正做到"用之则行，舍之则藏"，不怨天尤人的风格。他带兵素以宽厚著称，对人也很忠恕。在战场上沉着而有谋略，而且很勇敢。朝廷需要他时，一接到命令，不顾一切，马上行动。等到上面怀疑他，要罢免他时，也是不顾一切，马上就回家吃老米饭。所以屡黜屡起，国家不能没有他。像郭子仪这样作为，处处合于老子"冲而用之或不盈"的大经大法，无怪其生前享有令名，死后成为历史上"富贵寿考"四字俱全的绝少数名臣之一。

（二）郭子仪与鱼朝恩的恩怨

这一件有关他个人行谊的故事，足以说明"挫其锐，解其纷"的做法。

郭子仪与监军太监鱼朝恩的恩怨，在当时的政治态势上，是相当严重的。鱼朝恩曾经派人暗地挖了郭子仪父亲的坟墓。

当唐代宗大历四年春天，郭子仪奉命入朝，朝野人士都恐怕他要掀起一场大风暴，代宗也为了这件事特别吊唁慰问。郭子仪却哭着说：我在外面带兵打仗，士兵们破坏别人的坟墓，也无法完全照顾得到，现在我父亲的坟墓被人挖了，这是报应，不必怪人。

鱼朝恩便来邀请他同游章敬寺，表示尊敬和友好。这时的宰相元载，也不是一位太高尚的人物。元载知道这个消息，怕鱼朝恩拉拢郭子仪，问题就大了。这种政坛上的人事纠纷，古今中外，都是很头痛的事。因此，元载派人秘密通知郭子仪，说鱼朝恩的邀请，是对他有大不利的企图，要想谋杀他。郭子仪的门下将士听到这个消息，极力主张要带一批武装卫队赴约。郭子仪却毅然决定不听谣传，只带了几个必要的家僮，很轻松地去赴会。他对部将说："我是国家大臣，他没有皇帝的命令，怎么敢来害我。假使受皇帝密令要对付我，你们怎么可以反抗呢？"就这样，他到了章敬寺，鱼朝恩看见他带来的几个家僮戒备性的神情，非常奇怪地问他有什么事。郭子仪老老实实告诉他外面有这样的谣传，所以我只带了八个老家人来，如果真有其事，免得你动手时还要煞费苦心布置一番。他这样的坦然说明，感动得鱼朝恩掉下了眼泪说："非公长者，能无疑乎！"如果不是郭令公你这样长厚待人的大好人，这种谣言实在叫人不能不起疑心的。

（三）卢杞、李白与郭子仪

郭子仪的晚年，退休家居，忘情声色来排遣岁月。那个时候，后来在唐史《奸臣传》上出现的宰相卢杞，还未成名。有一天，卢杞来拜访他，郭子仪正被一班家里所养的歌伎包围，得意地欣赏玩乐，一听到卢杞来了，马上命令所有女眷包括歌伎，一律退到大会客室的屏风后面去，一个也不准出来见客。他单独和卢杞谈了很久，等到客人走了，家眷们问他："你平日接见客人，都不避讳我们在场，谈谈笑笑，为什么今天接见一个书生却要这样慎重？"郭子仪说："你们不知道，卢杞这个人很有才干，但心胸狭窄，有仇必报，长相又不好看，半边脸是青的，好像庙里的鬼怪。你们女人最爱笑，没有事也笑一笑。如果看见卢杞的半边青脸，一定要笑，他就会记恨在心，一旦得志，你们和我的儿孙，就没有一个活得成了！"不久，卢杞果然做了宰相，凡是过去看不起他、得罪过他的，一律不能免掉杀身抄家的冤报，只有对郭子仪全家，即使稍稍有些不合法的事，他还是曲予保全，认为郭令公非常重视他，大有知遇感恩之意。

讲到这里，忽然想到另外一则李太白与郭子仪有关的故事。在郭子仪初出茅庐，担当小军官时，不小心犯了军法而被扣押。这件事被李白知道了。李白早就非常器重这位少壮军官，一听到消息，就找到郭子仪的长官说情，这长官也是李白的朋友，因此从轻处置，平安无事。后来安禄山造反，天宝十五年，李白在江西浔阳却和另一位李家帝子永王李璘相识，加入幕府。永王名义上是起兵勤王，实际上也想趁机上台当皇帝，因此违抗肃宗的东巡诏命，结果兵败丹阳，李白也受到牵累，在浔阳坐牢，后来又被流放到夜郎。好在郭子仪已收复两京，名震一时，功劳又大，他知道李白受到牵连致罪，就拿他的战功极力保奏，李白才蒙赦免。这件历史故事记载在唐人诗话中，是否真实，我们不讲考据。不过一个名士与名将的知遇结合，却是人们情愿相信确有其事，而且也显见古人长厚，好人好事的一报还一报，很是痛快淋漓。因此昔日女诗人汪小蕴写论史诗，有"一代威名迈光弼，千秋知己属青莲"的名句，青莲是李白的别号。

史载，郭子仪年八十五而终，他所提拔的部下幕府中，有六十多人后来皆为将相，八子七婿皆贵显于当代。"天下以其身为安危者殆三十年，功盖天下而主不疑，位极人臣而众不嫉，穷奢极欲而人不非之。"历代功臣能做到这三条实在大难而特难。这都是郭子仪一生的做人处事，自然合乎"冲而用之或不盈""挫其锐，解其纷，和其光，同其尘。湛兮，似或存"的原则。

（选自《老子他说》）

大时代中如何进退自如

　　李泌也是中唐史上突出的人物，几乎和郭子仪相终始，身经玄、肃、代、德四朝，参与宫室大计，辅翼朝廷，运筹帷幄，对外策划战略，配合郭子仪等各个将领的步调，使其得致成功，也可以说是肃宗、代宗、德宗三朝天下的重要人物。只因他一生爱好神仙佛道，历来被儒家出身、执笔写史的大儒之主观我见所摒弃，在一部中唐变乱史上，轻轻带过，实在不太公平。其实，古今历史，谁又敢说它是绝对公平的呢？说到他的淡泊明志，宁静致远，善于运用黄老拨乱反正之道的作为，实在是望之犹如神仙中人。

　　李泌幼年便有神童的称誉，已能粗通儒、佛、道三家的学识。在唐玄宗政治最清明的开元时期，他只有七岁，已经受到玄宗与名相张说、张九龄的欣赏和奖爱。有一次，张九龄准备拔用一位才能不高，个性比较软弱，而且肯听话的高级巨僚。李泌虽然年少，跟在张九龄身边，便很率直地对张九龄说："公起布衣，以直道至宰相，而喜软美者乎！"相公你自己也是平民出身，处理国家大事，素来便有正直无私的清誉，难道你也喜欢低声下气而缺乏节操和能力的软性人才吗？张九龄听了他的话，非常惊讶，马上很慎重地认错，改口叫他小友。

（一）白衣山人

到了安禄山造反，唐明皇仓皇出走，皇太子李亨在灵武即位，是为肃宗，到处寻找李泌，恰好李泌也到了灵武。肃宗立刻和他商讨当前的局面，他便分析当时天下大势和成败的关键所在。肃宗要他帮忙，封他做官，他恳辞不干，只愿以客位的身份出力。肃宗也只好由他，碰到疑难的问题，常常和他商量，叫他先生而不名。这个时候，李泌已少吃烟火食。肃宗有一天夜里，高兴起来，找来兄弟三王和李泌就地炉吃火锅，因李泌不吃荤，便亲自烧梨二颗请他，三王争取，也不肯赐予。外出的时候，陪着肃宗一起坐车。大家都知道车上坐着那位穿黄袍的，便是皇帝，旁边那位穿白衣的，便是山人李泌。肃宗听到了大家对李泌的称号，觉得不是办法，就特别赐金紫，拜他为广平王（皇太子李豫）的行军司马。并且对他说：先生曾经侍从过上皇（玄宗），中间又做过我的师父，现在要请你帮助我儿子做行军司马，我父子三代，都要借重你的帮忙了。谁知道他后来帮忙到子孙四代呢！

李泌看到肃宗当时对政略上的人事安排，将来可能影响太子的继位问题，便秘密建议肃宗使太子做元帅，把军政大权付托给他。他与肃宗争论了半天，结果肃宗接受了他的意见。

肃宗对玄宗的故相李林甫非常不满，认为天下大乱，都是这个奸臣所造成，要挖他的坟墓，烧他的尸骨。李泌力谏不可，肃宗气得问李泌，你难道忘了李林甫当时的情形吗？李泌却认为不管怎样，当年用错了人，是上皇（玄宗）的过失。但上皇治天下五十年，难免会有过错。你现在追究李林甫的罪行，加以严厉处分，间接地是给上皇极大的难堪，是揭玄宗的疮疤。你父亲年纪大了，现在又奔波出走，听到你这样做，他一定受不了，老年人感慨伤心，一旦病倒，别人会认为你身为天子，以天下之大，反不能安养老父。这样一来，父子之间就很难办了。肃宗经过他的劝说，不但不意气用事，反而抱着李泌的脖子，痛哭着说：我实在没有细想其中的利害。这就是李泌"冲而用之或不盈"的大手笔。唐明皇后来能够自蜀中还都，全靠他的周旋弥缝。

（二）山人自有妙计

肃宗问李泌剿贼的战略，他就当时的情势，订出一套围剿的计划。首先他断定安禄山、史思明等的党羽，是一群没有宗旨的乌合之众，目的只在抢劫，"天下大计，非所知也。不出二年，无寇矣。陛下无欲速，夫王者之师，当务万全，图久安，使无后害"。因此，他拟定战略，使李光弼守太原，出井陉。郭子仪取冯翊，入河东，隔断盗魁四将，不敢南移一步。又密令郭子仪开放华阴一角，让盗众能通关中，使他们北守范阳，西救长安，奔命数千里，其精粹劲骑，不逾年而蔽。我常以逸待劳，来避其锋，去蕲其疲。以所征各路之兵，会扶风，与太原朔方军互击之，徐命帝子建宁王李俶为范阳节度大使，北并塞，与李光弼相犄角以取范阳。贼失巢窟，当死河南诸将手。肃宗统统照他的计划行事，后来都不出其所料。这便是李泌的"挫其锐，解其纷"的战略运用。

后来最可惜的，是唐肃宗急功近利，没有听信李泌的建议，致使河北没有彻底肃清，仍然沦陷于盗贼之手，便自粉饰太平，因此而造成历史上晚唐与五代之际华夷战乱的后遗症。

为了特别褒扬久被埋没的李泌长才，再略加说明他的行谊事绩。肃宗为了尽快收复首都长安，等到郭子仪筹借到西北军大集合的时候，便对李泌说："今战必胜，攻必取，何暇千里先事范阳乎！"李泌就说：如果动用大军，一定想要速得两京，那么贼势一定会重新强盛，我们日后会再受到困扰。现在我们有恃无恐的强大兵力，全靠碛西突骑（骑兵）、西北诸戎。假如一定要先取京师，大概在明年的春天，就可成功。但是关东的地理环境与气候等情况，春天来得较早，气候容易闷热，骑兵的战马也容易生病，战士们思春，也会想早点回家，便不愿再来辗转作战了。那么，沦陷中的敌人，又可休养士卒，整军经武以后，必复再度南来，这是很危险的办法。但是肃宗这次却坚决地不听李泌的战略意见，急于收复两京，可以称帝坐朝，由此便有郭子仪借来回纥外兵，从元帅广平王等收复两京的一幕出现。

两京收复，唐明皇还都做太上皇，肃宗重用奸臣李辅国。李泌一看政局不对，怕有祸害，忽然又变得庸庸碌碌，请求隐退，遁避到衡山去修道。大概肃宗也认为天下已定，就准他退休，赏赐他隐士的服装和住宅，颁予三品禄位。

另有一说，李泌见到懒残禅师的一段因缘，是在他避隐衡山时期。总之，"天道远而人道迩"，仙佛遇缘的传说，事近渺茫，也无法确切地考据，存疑可也。

（三）英雄退步学神仙

李泌在衡山的隐士生活过了没多久，身为太上皇的唐明皇死了，肃宗跟着也死了，继位当皇帝的，便是李泌当年特别加以保存的皇太子广平王李豫，后来称号为唐代宗。代宗登上帝位，马上就召李泌回来，起先让他住在宫内蓬莱殿书阁，跟着就赐他府第，又强迫他不可素食，硬要他娶妻吃肉，这个时候，李泌却奉命照做了。但是宰相元载非常忌妒他的不合作，找机会硬是外放他去做地方官。代宗暗地对他说，先生将就一点，外出走走也好。没多久，元载犯罪伏诛，代宗立即召他还京，准备重用。但又为奸臣常衮所忌，怕他在皇帝身边对自己不利，又再三设法外放他出任澧郎峡团练使，后再迁任杭州刺史。他虽贬任地方行政长官，但到处有很好的政绩，这便是李泌"和其光，同其尘。湛兮，似或存"的自处之道。

当时奉命在奉天，后来继位当皇帝，称号为唐德宗的皇太子李适，知道李泌外放，便要他到行在（行辕），授以左散骑常侍。对于军国大事，李泌仍然不远千里地向代宗提出建议，代宗也必定采用照办。到了德宗继位后的第三年，正式出任宰相，又被封为邺侯。勤修内政，充裕军政费用。保全功臣李晟、马燧，以调和将相。外结回纥、大食，以困吐蕃而安定边陲。常有与德宗政见不同之处，反复申辩上奏达十五次之多。总之，他对内政的处理，外交的策略，军事的部署，财经的筹划，都做到了安和的绩效。

但德宗却对他说：我要和你约法在先，因你历年来所受的委屈太多了，不要一旦当权，就记恨报仇，如对你有恩的，我会代你还报。李泌说："臣素奉道，不与人为仇。"害我的李辅国、元载他们，都自毙了。过去与我要好的，凡有才能的，也自然显达了。其余的，也都零落死亡了。我实在没什么恩怨可报的。但是如你方才所说，我可和你有所约言吗？德宗就说，有什么不可呢！于是李泌进言，希望德宗不要杀害功臣，"李晟、马燧有大功于国，闻有谗言之者。陛下万一害之，则宿卫之士，方镇之臣，无不愤怒反厌，恐中外之变复生也。陛下诚不以二臣功大而忌之，二臣不以位高而自疑，则天下永无事矣"。德宗听了认为很对，接受了李泌的建议。李晟、马燧在旁听了，当着皇帝感泣而谢。

不但如此，他做起事来，非常认真负责，曾经与皇帝力争相权。因为德宗对他说："自今凡军旅粮储事，卿主之。吏礼委延赏（张延赏），刑法委珲（珲瑊）。"李泌就说："陛下不以臣不才，使待罪宰相。宰相之职，天下之事，成其平章，不可分也。若有所主，是乃有司，非宰相矣。"德宗听了，便笑着说，我刚才说错了话，你说得完全对。

不幸的是，宫廷父子之间，又受人中伤而有极大的误会，几乎又与肃宗一样造成错误，李泌为调和德宗和太子之间的误会，触怒了德宗，德宗说："卿不爱家族乎？"意思是说，我可以杀你全家。李泌立刻就说："臣惟爱家族，故不敢不尽言，若畏陛下盛怒而曲从，陛下明日悔之，必尤臣曰：吾独任汝为相，不谏使至此，必复杀臣子。臣老矣，余年不足惜，若冤杀臣子，使臣以侄为嗣，臣未知得歆其祀乎！"因呜咽流涕。上亦泣曰："事已如此，奈何？"对曰："此大事愿陛下审图之，自古父子相疑，未有不亡国者。"

接着李泌又提出唐肃宗与代宗父子恩怨之间的往事说："且陛下不记建宁之事乎？"（唐肃宗因受宠妃张良娣及奸臣李辅国的离间，杀了儿子建宁王李倓。）德宗说："建宁叔实冤，肃宗性急故耳。"李泌说："臣昔为此，故辞归，誓不近天子左右，不幸今日复为陛下相，又观兹事。且其时先帝（德宗的父亲代宗）常怀畏惧。臣临辞日，因诵《黄台瓜辞》，肃宗乃悔而泣。"（《黄台瓜辞》，唐高宗太子李贤作。武则天篡位，杀太子贤等诸帝子，太子贤自恐不免，故作："种瓜黄台下，瓜熟子离离。一摘使瓜好，再摘令瓜稀。三摘犹自可，摘绝抱蔓归。"）

德宗听到这里，总算受到感动，但仍然说："我的家事，为什么你要这样极力参与？"李泌说："臣今独任宰相之重，四海之内，一物失所，责归于臣，况坐视太子冤横而不言，臣罪大矣。"甚至说到"臣敢以宗族保太子"。中间又往返辩论很多，并且还告诉德宗要极力保密，回到内宫，不要使左右知道如何处理此事。一面又安慰太子勿气馁，不可自裁，他对太子说:"必无此虑,愿太子起敬起孝,苟泌身不存,则事不可知耳!"最后总算解开德宗父子之间的死结。德宗特别开延英殿,独召李泌,对他哭着说:"非卿切言,朕今日悔无及矣!太子仁孝,实无他也。自今军国及朕家事,皆当谋于卿矣。"李泌听了,拜贺之外,便说:"臣报国毕矣,惊悸亡魂,不可复用,愿乞骸骨。"德宗除了道歉安慰,硬不准他辞职。过了一年多,李泌果然死了,好像他又有预知似的。

历来的帝王宫廷,一直都是天下是非最多、人事最复杂的场所。尤其王室中父子兄弟、家人骨肉之间权势利害的悲惨斗争,真是集人世间悲剧的大总汇。况且"疏不间亲",古有明训。以诸葛亮的高明,他在荆州,便不敢正面答复刘琦问父子之间的问题。但在李泌,处于唐玄宗、肃宗、代宗、德宗四代父子骨肉之间,都挺身而出,仗义执言,排难解纷,调和其父子兄弟之间的祸害,实在是古今历史上的第一人。

因此,汪小蕴女史咏史诗,论邺侯李泌,便有"勋参郭令才原大,迹似留侯术更淳"的名句。郭令,是指郭子仪。郭子仪的成功,全靠李泌幕后的策划。留侯,是写他与张良对比。可惜在一般史书所载的偏见评语,轻轻一笔带过,还稍加轻视的色调,如史评说:"泌有谋略,而好谈神仙怪诞,故为世所轻。"其实,查通正史,李泌从来没有以神仙怪诞来立身处事。个性思想爱好仙佛，只是个人的好恶倾向，与经世学术，又有何妨？善用谋略来拨乱反正、安邦定国，谋略有什么不好？由此可见，史学家的论据，真是可信而不能尽信，大可耐人寻味。

（选自《老子他说》）

功高震主怎么办

我国自唐、宋以后，以儒、释、道三家的哲学，作为文化的主流。在这三家中，佛家是偏重于出世的，儒家的学问则是偏重于入世的，道家的学问，老庄之道就更妙了，可以出世，亦可以入世，或出或入，都任其所欲。像一个人，跨了门槛站在那里，一只脚在门里，一只脚在门外，让人去猜他将入或将出，而别人也永远没有办法去猜。在个人的养生之道上，亦有如此之妙。

清代的中兴名臣曾国藩，他是近代史上一位大政治家。后世的人说他建功立业，一共有十三套本领，但是其中有十一套大的谋略之学，都未曾流传下来，只留了两套本领给后世的人。其中一套，是著了一部《冰鉴》，把相人之术——这是他老师教给他的——传给后世的人。自他以后，有许多政治的、军事的乃至经济等方面的领导人，运用他这部《冰鉴》所述的相人术选才用人，的确收到了一些效果。

另一套本领，就是他的日记和家书。或者说：曾国藩的日记和家书，不外乎告诉家人，怎样弄好鸡窝，怎样整理菜园，表示很快要回家种田等，这些琐碎小事，老农老圃也懂，算得什么大本领，值得留传给后人？

这只是一种皮毛的肤浅看法而已。如果进一步去分析曾国藩、曾国荃兄弟当时所建的功业，所处的环境，时代的政治背景，历史的轨迹，就可以了解到曾国藩絮絮于这些琐碎细事，实际上正深厚地运用了老庄之道。

曾国藩兄弟，经过了九年的艰苦战争，终于将曾经占领了半壁江山、摇撼京师、几乎取得政权的太平天国打垮了，他们所建立的"功绩"是清兵入关以来前所未有的，达到了"功高震主"的程度。

"功高震主"的情况，可能有许多人体会不到，试以创办一家公司为比喻。一位公司老板，找到了一位很能干的干部，由于这位干部精明能干，而且很努力，于是因其良好的功劳业绩，由一名小小的业务员，逐步上升，而股长，而主任，而经理，一直升到总经理。到了这个阶段，公司的一切业务，许多事情，他比老板还更了解更熟练，同下面的人缘又好极了，那么，在这种情况下，当老板的就会担起心来。这就"功高震主"了，地位就危险了。在政治上，一个功高震主的大臣，危险与荣誉是成正比的，获得的荣耀勋奖愈多，危险也愈大。不但随时有失去权势财富的可能，甚至生命也往往旦夕不保。

清朝以特务手段驾驭大臣和各级官吏，雍正皇帝是用得最著名而收效的，雍正以后的清朝帝王，均未放弃这一手法。慈禧太后以一女人而专政，就用得更多更厉害，所以曾国藩的日记与家书，写这些个鸡栏、菜圃小事，与其说是给家人子弟看，不如说是给慈禧太后看，期望在无形中消除老板的疑心，表示自己不过是一个求田问舍的乡巴佬，以保全首领而已。

再从曾国藩给他弟弟曾国荃的一首诗中，也可很明显地看到他深切地了解老庄思想，灵活运用老庄之道。这首诗说：

左列钟铭右谤书，人间随处有乘除；
低头一拜屠羊说，万事浮云过太虚。

诗中"屠羊说"的典故，就出在《庄子》的《让王篇》。屠羊说，本来是楚昭王时市井中一个卖羊肉的屠夫，大家都叫他屠羊说，事实上是一位隐士。"说"是古字，古音通"悦"字。当时，因为伍员为了报杀父兄之仇，帮助吴国攻打楚国，楚国败亡，昭王逃难出奔到随国。屠羊说便跟着昭王逃亡，在流浪途中，昭王的许多问题，乃至生活上衣食住行，都是他帮忙解决，功劳很大。后来楚国复国，昭王派大臣去问屠羊说希望做什么官。屠羊说答复道：楚王失去了他的故国，我也跟着失去了卖羊肉的摊位，现在楚王恢复了国土，我也恢复了我的羊肉摊，这样便等于恢复了我固有的爵禄，还要什么赏赐呢？昭王再下命令，一定要他接受，于是屠羊说更进一步说：这次楚国失败，不是我的过错，所以我没有请罪杀了我；现在复国了，也不是我的功劳，所以也不能领赏。

他这话是多少带刺的，弦外之音就是说，你当国王失败了，才弄得逃亡。现在你把国家救回来了，也是你的努力和福气。所以楚昭王从大臣那里听到他这样的话，知道这个摆羊肉摊子的，并不是普通人物，于是叫大臣召他来见面。不料屠羊说更乖巧，他回答说：依照我们楚国的政治体制，一定要有很大的功劳，受过重赏的人，才可以面对面见到国王。现在我屠羊说，在文的方面，没有保存国家的知识学问，在武的方面，也没有和敌人拼死一战的勇气。当吴国的军队打进我们首都来的时候，我只因为怕死，而急急慌慌逃走，并不是为了效忠而跟随国王一路逃的，现在国王要召见我，是一件违背政体的事，我不愿意天下人来讥笑楚国没有法制。

楚昭王听了这番理论，更觉得这个羊肉摊子老板非等闲之辈，于是派了一位更高级的大臣，官司马，名子綦——相近于现代的国防部长，吩咐子綦说，这个羊肉摊的老板，虽然没有什么地位，可是他所说的道理非常高明，现在由你去请他来，说我要请他做国家的三公高位。想想看，由一位全国的三军统帅出面来请，这中间有些什么意味。可是屠羊说还是不吃这一套，他说我知道三公的地位，比我一个羊肉摊老板不知要高贵多少倍，这个位置上的薪水，万钟之禄，恐怕我卖一辈子羊肉也赚不了那么多。可是，我怎么可以因为自己贪图高官厚禄，而使我的君主得一个滥行奖赏的恶名呢？我还是不能够这样做的，请你把我的羊肉摊子还给我吧！

当然事实上，楚昭王能复国，许多主意并非都是由这位羊肉摊老板提出来的。后来他再三再四地不肯做官，就是"功成，名遂，身退，天之道也"的老庄精神，正是最有学问的人。

曾国藩写这首诗，引用屠羊说的典故，是对他的弟弟曾国荃下警告。他知道，这时的客观环境，对他的危险性非常大。不但上面那位老太太——慈禧太后，非常厉害，难侍候之至，自己不能不居高思危。而外面议论他，批评他，讲他坏话的人也很多。尤其是曾国荃打进南京的时候，太平天国的王宫里面，有许多金银财宝，都被曾国荃搬走了。这件事，连曾国藩的同乡至交好友王湘绮，亦大为不满，在写《湘军志》时，固然有许多赞扬，但是把曾氏兄弟以及湘军的坏处，也写进去了。这时曾国藩兄弟也很难过。曾国荃的修养，到底不如哥哥，还有一些重要干部，对于外来的批评，都受不了，向曾国藩进言，何不推翻清朝，进兵到北京，把天下拿过来，更曾有人把这意见写字条提出。曾国藩看了，对那人说："你太辛苦了，疲累了，先去睡一下。"打发那人走了，将字条吞到肚中，连撕碎丢入字纸篓都不敢，以期保全自己的性命。

同时，他训练出来的子弟兵，也已经变成骄兵悍将。打下太平天国以后，个个都有功劳，都有得意自满的心理，很容易骄横，所以又教他的学生李鸿章，赶快训练淮军，来接他的手，冲淡湘军的自满骄横。

事实上，如果曾国荃与湘军一冲动，半个中国已经是他的，似乎进一步就可以把大好河山拿下来。但真的拿不拿得下来呢？亦自有拿不下来的道理。我们现在来仔细研究当时的情况，的确有拿不下来的理由。到底还是曾国藩了不起，宁可不做这件事，所以写了这样一首诗，要曾国荃"低头一拜屠羊说"。他说：尽管左面挂满了中央政府——朝廷的褒奖状，可是要知道"功高震主"的道理，不必因此自满自傲，右边放了毁谤、诋咒我们的文件，这也同样没有什么了不起，不必生气。"人间随处有乘除"，人世间本来就如天秤一样，这头高了那头低，这头低了那头高，不必想不开。"低头一拜屠羊说"，只要效法屠羊说的精神与做法，学习这位世上第一高人，那么"万事浮云过太虚"。荣誉也好，毁谤也好，都不过是碧天之上的一片浮云，一忽儿就要被风吹散，成为过去，澄湛的碧天，依然还是澄清湛蓝的。

在近代史上，明朝平宸濠之乱的王阳明，清朝打败太平天国的曾国藩，都是精通老庄之学，擅用老庄之学，但都是"内用黄老，外示儒术"的作风，如果硬把他们打入儒家，认为他们只知道在那里讲讲理学，打打坐而已，这种看法，不是欺人，便是自欺，否则，便真的要"悔读南华庄子文"了！

这是中国近代史上重要的一页，先懂了这一史实的道理以后，再来研究《老子》，就更容易了解到《老子》的哲学思想，在用的方面——大而用之于天下国家的大事，小而用之于个人立身处世之道，乃至于由平日的为人，进一步升华到形而上修养之道了。

（选自《老子他说》）

第六章

再学怎么做领导

真正的领袖必定永远忧虑

（一）领导的心思，人人都知道

> 天地设位，圣人成能。人谋鬼谋，百姓与能。
>
> ——《周易》

这是《易经》最高的哲学境界，也同帝王领导学有关。天地宇宙的定位，天总归是天，地永远是地，改变不了的，所以叫"天地设位"。但天地也有缺陷，天地的缺陷由谁来弥补呢？由人来补。天地人谓之三才。得道的圣人，能够以他的智慧和能力，弥补天地的缺陷，所以说"圣人成能"。换句话说，得道的圣人也善于用"天地"。

"人谋鬼谋，百姓与能"，人的智慧是看得见的，鬼的智慧看不见、不可知。不可知的一面永远不可知吗？也不一定，"百姓与能"，任何一个平凡的人都会知道。所以一个做领导的人，不管你有多高的才能，头脑好得跟诸葛亮一样，用尽了心思，但是所打的主意，正如古人所说的"司马昭之心，路人皆知"，因为天下没有一个笨人。人的聪明程度都差不多，智慧最高的，最聪明人的反应，最快的只有几秒钟，次一点的几分钟，笨的人到死了他还不知道，那是很笨的啦！一种谋略不管骗人的也好，救人的也好，聪明人当下知道，笨的人也许过一会儿才知道。后人研究曹操跟诸葛亮的聪明相等，只差几分钟而已，并没有什么了不起，个个都可以知道。普通人也可以懂得宇宙，也可以未卜先知。懂了这个道理，就知道我们普通人为什么要研究《易经》了。

（二）老板的危险，员工的艰难

> 夫乾，天下之至健也，德行恒易以知险。夫坤，天下之至顺也，德行恒简以知阻。
>
> ——《周易》

乾代表天，也就是宇宙的功能。宇宙能够生出万物，是其本来的功能，是无声无相的。给它一个代号，《易经》叫作"乾"，这就是"天下之至健"，大家都叫它神，或者如来。我们中国《易经》文化不用宗教名词，只用一个逻辑的代号，这个代号叫作"乾"。

坤卦代表了大地，代表了女性，也代表了柔顺，是"天下之至顺也"。它的性能德行是"恒简"的，说明了宇宙间的道理是很简单的，并不是那么高深幽远，而是人人易知易行的。虽说非常简单，但我们不要忘了，天地的道理越是简单的，越是难懂，简单到了极致，虽然圣人亦有所不知焉。这是第一层的道理。

第二层的道理，是乾、坤两卦在领导上的原则问题。

乾卦是"天下之至健也"，当老板、当领袖的人，他的性能是"恒易以知险"。譬如我们有本钱，开个公司非常容易，但是随时都有危险，这些在今天国际经济瞬息万变中，更是看得很明白。

乾卦代表老板，坤卦代表干部。坤卦是"天下之至顺也"，所以当部下的，是听命行事。听命也不容易。"恒简以知阻"，看着很简单，但是你要知道，由于公司业务开展，老板的心情，同人的想法，以及个人在工作中的想法与做法，随时会有险阻艰难摆在面前。《易经》要我们随时注意，所以后世有人讲，《易经》与老庄合起来，是最高的帝王学、领导学，也是最高的谋略学。这个说法不无道理。

（三）忧患意识必然是少数人的事

> 能说诸心，能研诸侯之虑，定天下之吉凶，成天下之亹亹者。
>
> ——《周易》

懂了《易经》才懂得领导，才可以做领袖。当领袖并不一定当皇帝，诸凡单位主管、家长、父母，都是领袖。做领袖的第一个条件，就是"能说诸心"，要能使人心服口服，那不是"命令"就可以办到的，要先从自己内心做起。你的一切措施、作为，不能只为自己着想。所以孔子要求领导者要"能研诸侯之虑"，要能知道别人想的是什么。除了天下诸侯，其他的部属、下面各级的领导，都各有思想，各有需要，能把这些研判清楚，再综合起来做决定，那就很妥当、很完善、很简单，就可以"定天下之吉凶，成天下之亹亹者"，完成伟大的功业。

这是孔子赞叹《易经》的伟大与重要，我们必须要懂。当然真懂了《易经》也很倒霉，一个人会永远陷在忧患中、痛苦中，没有什么好处。但是一个真正的领导人，必然是永远在忧虑中的。忧患意识是少数人的事，你要一般老百姓都来同忧患是不可能的。像舞厅里，灯光一暗，音乐一响，闭上眼睛婆娑起舞的人，要他们这个时候有忧患意识是办不到的。跳舞喝酒就是寻求欢乐，怎么能要他们去忧患？忧患是舞厅老板的事，这个月生意好不好，赚的钱够不够开支？老百姓有什么忧患意识？只要活得快乐就行啦！要天下人一同忧患，很难！

> 是故变化云为，吉事有祥。象事知器，占事知来。

所以你懂了《易经》的领导原理，知道人事、万物随时随地都在变化。"变化云为"事实上是四个阶段。"变"是原则，"化"是影响，"云"是说话，"为"是进行。思想领导行为，一个真正好的领导人，懂了《易经》"变化云为"的原则，就到处有吉祥，万事顺利。好事哪里来的？是上天做主吗？菩萨做主吗？都不是，是由人为来的。学过《易经》，就知道是"寂然不动，感而遂通"，是由心物交感而来的。中国的政治哲学，人心就是天心。所以《书经》上说："天视自我民视，天听自我民听。"上帝在哪里？菩萨在哪里？就在人们的心里，大家看得到的，就是天心；大家心里的意见，就是上帝的意见，这就是中国文化。菩萨、上帝就在你的思想里，没有你就没有菩萨、没有上帝。这就是"吉事有祥"的道理。

（选自《易经系传别讲》）

先吃透普通人的心理

子曰："小人不耻不仁，不畏不义，不见利不劝，不威不惩。小惩而大诫，此小人之福也。"易曰："履校灭趾，无咎。"此之谓也。

——《周易》

"小人"是普通一般人，"耻"就是难堪。孔子说，如果一般人没有碰到钉子，没有给他难堪，他很难发现自己的缺点，也难改正自己的过错。纯用教化、用仁义之道让一般人学好是做不到的，那些仁义之道都是假的。一般人因为怕法律，怕社会不齿，有个可怕的东西在心里，所以才讲仁义。所以如要一般普通人做好事，一定要有个促使他向善的力量在后边才可以。普通一般人没有好处、无利可图，他也不会干的。"劝"就是劝导、教导的方式。没有鞭子打下来，没有威武在他面前，没有惩戒，不把刀架在脖子上，他不会改过的，就是不见棺材不掉泪。

古今中外一般人的心理都是如此。我们不要自以为是君子，不在其列，其实我们也包括在内。这四句话后世都认为是帝王之学，统治的道理。所以《易经》《老子》《庄子》被人用得偏的时候，就是法治的思想；用得宽大的时候，就是儒家的仁治思想。譬如教育，有时候打两下手心，罚个站，打几下没有什么了不起，"小惩而大诫"，他一辈子都记得要去做好人。所以人生的道理，太得意的时候，碰到一点倒霉挫折，如果你懂得《易经》，反而应该是好运气。假设一个人永远在好运中，这个人就完了，没有倒过霉，便永远没有出息。

一个领导人，像有些帝王，把自己最心爱的大臣一下子革去，不让他干了，或者把宰相一下子派去当县长，或者乡镇长，就是这个道理。这些都是高明的帝王，希望这部下将来能有更大的担当。这就是"小惩而大诫，此小人之福也"的道理。

（选自《易经系传别讲》）

以正做人，以奇做事，以无事创业

以正治国，以奇用兵，以无事取天下。吾何以知其然哉？以此：天下多忌讳，而民弥贫；人多利器，国家滋昏；人多伎巧，奇物滋起；法令滋彰，盗贼多有。故圣人云："我无为，而民自化；我好静，而民自正；我无事，而民自富；我无欲，而民自朴。"

——《老子》

（一）以正治国　以奇用兵

"以正治国，以奇用兵，以无事取天下"，这是政治的三大原则。老子是反对战争的。他曾说过"大军之后，必有凶年""以道佐人主者，不以兵强天下""师之所处，荆棘生焉"，都是反战的话。但那是讲"道"，本体的道理，而讲到"用"，老子就主张在军事上应该有充分的准备。譬如一个人，必须有一把刀，但永远不杀人。人需要自卫，而不是去伤害人，也不接受别人的伤害，不高亦不卑，不贱亦不贵。所以他告诉我们，对于社会、国家、天下事，要以正道治国。真正的政治，不能用权术，不能用手段，而是用真正诚恳的道德，不能虚诈，不能作假。

至于用兵，在军事的运用上，《孙子兵法》曾说"兵者，诡道也"。"诡道"就是"以奇用兵"，能用奇兵那是上将之才、大将之才。不过，虽说为了国家天下，不能不出奇计，到底为道家所忌。所以人生在世，要行正道，正道就是诚；许多人学问好，头脑聪明，喜欢诡道奇计，大错特错。就是个人创业、做人的道理也是一样。我们也可将这几句稍微修改一下，"以正做人，以奇做事，以无事创业"。

"无事"如何能创业？这就是真本领了。"以无事取天下"是老子思想的精华所在，是做事业的最高道德标准，也是最高的政治哲学、最高的谋略，要特别注意。"无事"就是只要求自己行为的功德成就，道德的成就，而不以谋略，不以手段，不以有为的功业来取天下。这种人，有道德，有学问，又无心取天下，而他的道德修养反让天下所归。但众望之所归那是余事，不是本事；本事就是本分的事，就是学道，学习如何完成一个圣人之道。

中国的历史是讲究无事取天下的，尧、舜、禹可以说是如此，禹以后商汤、文、武、周公、孔子，历代的圣王，差不多都是如此。说到孔子，虽然他没有取天下，不过他取了另一个天下，就是空的天下，所以被称为素王。素王是没有土地的皇帝，换言之，他是文化王国的帝王，在文化王国中号令数千年，甚至可以号令万代。这样取天下，是历史上取天下的标准，也就是以无事来取天下。以现代观念及术语来说，那是政治作战的成功；更贴切地说，这是他教化牧养百姓的成功。

年轻人将来要做事，就要"以无事取成功"，不去侵犯别人，也不去占有或夺取别人，而是以正道得助。像有些年轻朋友，到处跑，到处钻，结果一无所成。如果真正有修养，有本事，成功自然属于你。

（二）以正为奇　天下归心

中国几千年来的军事思想，凡涉及用兵，涉及谋略，总不外"出奇制胜"四字。即便经商、创业，也要出奇制胜。换言之，要有个人的才具、本事、高度的智慧，才能出奇以制胜。

关于"奇"字，发挥起来，千变万化，人莫能测。更有"以正为奇"，走很正的路子，就是至高的奇。我常告诉年轻人，不要玩弄聪明，不要用手段，不要动歪脑筋。这一百年来，世界的变化，国家的变化，社会的变化，训练得每一个青年的脑子都很厉害，各个人的本事都很大，人人都是诸葛亮。当然只是半个诸葛亮，只"亮"了一半，就是坏的那一半很"亮"。

所以，在这个时代，以聪明对聪明，办法对办法，手段对手段，是必然遭致失败的。在未来，只有不用聪明的聪明，不用办法的办法，不玩手段的手段，诚恳、老实，才会获致真正的成功。因此，应该"以正为奇"，走正道。不过在某一时间，某一社会，某一环境，尤其在一个非常愚笨的时期或社会中，是需要用一点智慧的，那是真正的"奇"，其实也是正道。

"奇"是一个单数，是特别突然冒出的偏道。"奇"的道理太多，一切兵法、政治谋略都包括在内。这里只是告诉大家一条"探奇"的路。我们中华文化的宝藏太丰富了，要大家自己去打开，如果古书读不懂就难了。现在是"洋学"盛，这把钥匙就很难打开我们自己的这座老宝库了。

老子然后说："吾何以知其然哉？"他为什么知道"以正治国，以奇用兵，以无事取天下"的这番道理呢？为什么说这是政治哲学、军事哲学以及立身处世哲学的基本原则呢？以下这些就是理由。

（三）老子的理由

"天下多忌讳，而民弥贫"，这是他经验的累积，以及历史的事实。大而言之，就是在政治上有太多禁忌，这也不能干，那也不能做，这个名词不行，那个名词不对，动辄得咎。现在很多国家就有很多忌讳，老百姓不敢说心里话，更不敢批评，知识高的用外国语，知识低的用隐语、暗语、耳语以诉胸中积怨。老子说，一个国家，一个社会，禁令愈多，人民什么都不敢做，不能做，于是物质上就愈贫穷，精神上也更贫穷，贫穷到痛苦的地步。

"人多利器，国家滋昏"，这句话很容易明白。所谓利器，不仅指杀人的锋利武器，而且泛指利便之器。物质文明，科技愈发达，社会上人人因此而热昏了头，热昏就会肇乱。反过来说，历史的经验，时代到了变乱的时候，"人多利器"，大家都有权力，以利器支使天下，大家都可以造反，社会就非乱不可。

"人多伎巧，奇物滋起"，科技一发达，人的头脑越来越灵光，物质享受越来越高明，人人好奇，都要研究，制造出来的东西就越奇怪，越便利。这个现象大家称为社会进步。这所谓进步，我常说，如果以文化立场来看，以精神层面来探讨，并不一定会予以肯定。以物质文明的发展而言，历史愈往前进，物质文明生活愈便利；但以精神文化而言，人类文化反而越来越退步、退化。无论古今中外，人类文化思想是同源的，都觉得后来的人比较进步，后来的社会一定是在前面，所以说进步与退步的说法，应该有一个界限。因此，以现代看到的，所谓社会越进步，则"人多伎巧，奇物滋起"的情形越严重。

"法令滋彰，盗贼多有"，这在历史上也有很多经验。我们读了历史，看到每一个朝代到了后来法令越来越多。汉高祖入关，有名的约法三章，很简单。不到一百年的时间，汉朝的法网就很严密了。就政治而言，如汉景帝、汉武帝都是很精明的领导人，但政治领导人越精于法令，法令就越多，社会也就越乱。这是一种无可变更的历史法则。从生活经验来看，越懂得法令越会犯法，越会钻法令的漏洞。法网愈密，则可钻的漏洞愈多，愈容易钻。

老子说了这许多历史经验，只是注解前面的"以无事取天下"。多忌讳、多利器、多伎巧、多法令，这一切都是有事，是有为法。有为法太过分了，社会就更乱，问题就更多；如果是无为法，就会清静、讲道德，社会自然安定。

接下来，做了下面的结论。

（四）领导人如何使人民富强安乐

"故圣人云：'我无为，而民自化；我好静，而民自正；我无事，而民自富；我无欲，而民自朴。'"这是老子引用古圣人所说的话，这个"圣人"就是庄子所说的"为人上者"，就是上面的人，也就是领导人。领导人不一定就是皇帝、君主，像学校的校长，军队中的班长，乃至于一个家庭的家长，都是领导人，都要做到这几项原则。

一个真正好的政治领导人，做到了真正的无为而治，具有道德的成就，则不必要去管理，人民自然就被感化。"静"不是佛家的静坐，而是《大学》之道的"知止而后有定，定而后能静，静而后能安"的"静"。这是行事的静定功夫，不是在座上打坐。领导人有这样的静定，是为天下的大静。明朝有一位年轻人考取了功名，出去做官，上任之前，去拜访一位老师，请教如何把官做好，老师说："你可千万不要作怪。"做官的人，的确往往会作怪。什么是作怪呢？例如，前任建立了一种制度，很有成绩，后人接任，为了自我表现，胜过前任，于是作怪了，乱出主意，乱定办法。就像一栋房屋本来好好的，他偏要拆掉，另行建造，这就出乱子。为政少玩花样，社会自然富庶，天下太平。

（选自《老子他说》）

一个好领导，要注意九个坏毛病

（一）仁义道德不值得标榜

> 臣闻：三代之亡，非法亡也，御法者非其人矣。故知法也者，先王之陈迹，苟非其人，道不虚行。故尹文子曰："仁义礼乐名法刑赏，此八者，五帝三王治世之术。"
>
> ——《长短经》

这是大原则，《长短经》的作者赵蕤列举了上古三代的亡去。亡者无也，是过去了、没有了的意思，不要一定看成亡国的亡，时代过去了，没有了，都称亡，如昨天已经过去，用古文可写成"昨日亡矣"。所以三代的成为过去，并不是因为政治上、法治上有什么不好而亡，而是说不管走法家路线、儒家路线或道家路线，一切历史的创造在于人。

仁、义、礼、乐、名、法、刑、赏，是中国文化所处处标榜的，可是在纵横家看来，儒家所讲的仁义，道家所讲的道德，都不过是政治的一种措施、一种方法而已，他们认为儒家、道家标榜这些，是好玩的、可笑的，这不过是一种政治方法，有什么好标榜的！

有聪明才智的人，心思灵敏，很有智慧，用之于正，对社会有贡献，而相反的就是做作，这是智慧的反面，所以在《说苑》这部书上说，"君子之权谋正，小人之权谋邪"。权谋就是手段，手段本身并不是坏的，圣贤讲道德，道德也不过是一个手段，仁义也是一个手段，并不是坏的，正人用手段，手段就正，在乎动机，存心正手段就正，存心邪门的人，即使用仁义道德好的手段也是邪。

（二）仁爱的领导要注意偏私

仁就是爱，普遍地爱大家，当然是好事。可是爱的反面，就有私心，有爱就有偏私，中国古代的礼乐制度，是文化的原则。但家与国是要分开的，所给某一家的义务不能普及到全国，给某一家的鼓励也不能普及于全国。在位服务公家的人，虽然为官大夫，但对公家的公名公利，绝不能归于己有。

仁爱有一定的范围，超过了范围，就变成私，如果有偏心，他对我好，我就对他仁爱，这是不可以的，只要偏重仁爱，偏私就会来。自古府主败亡者多仁慈而不智，项羽、梁武帝等人，其例甚多。

（三）仗义的领导要注意华伪

义有正反面，如对朋友讲义气，讲了的话一定做到，言而有信，对朋友有义，这个节操品行很好，但是处理不当，相反的一面，就有大害，而且变成"华伪"，表面上很漂亮，实际上是假的，这就是赵蕤说的反义。从历史经验来说，义的正面是国家有困难，社会有困难，为了救社会，为了救国家，为了帮助很多人，把自己的生命都牺牲掉，在最要紧的地方绝不投降，绝不屈服，这才是正义，在义的正的一面，便是大义。

可是历史上有许多事情，看起来是讲义，实际上都错了，如战国时候赵国宰相虞卿的故事（在《战国策》或《史记·虞卿列传》里都有记载）。虞卿这个人了不起，他曾著了一部《虞氏春秋》，比吕不韦的《吕氏春秋》还要早一点。他是一个知识分子，平民出身，游说诸侯，得到赵王的信任当辅相。这个人非常讲义气，他已经当了赵国的辅相，而他的朋友魏国公子魏齐，在魏国出了事情被通缉，逃到赵国来找他。按当时魏赵之间的关系，赵国是应该把魏齐送回魏国去的。可是虞卿是赵国辅相，魏齐以当年未发达时的私人朋友身份去找他，如果站在法制的立场，虞卿应该把这件事报告赵王，把魏齐引渡到魏国去。而虞卿认为如果这样做太不够义气，因此"弃相捐君"，连宰相都不当了，偷偷离开了赵王，带魏齐一起跑了。这个历史上的故事，在赵蕤看来，从做人方面来讲是难能可贵的，这是讲义气，但对公的大义而言，这种义气是不对的。

（四）规矩越繁越有空隙可钻

中国文化最喜欢讲礼，礼也包括了一切制度。有礼、有规矩，在公家或私人的行为上，是比较好。但是相反的，制度、规矩，行久了，太多了，会出大毛病，会使人偷懒、逃避。和法令一样，立法太繁，就有空隙可钻了。汉高祖统一天下以后，除由叔孙通建立了政治制度以外，由春秋战国下来，从秦始皇到汉代为止，中国文化又被拦腰斩了一刀，没有好好地建立。叔孙通替汉高祖建立的是政治制度，没有建立文化制度。

到了汉文帝的时候，学者们建议定礼，可是汉文帝反对。后来到汉武帝的时候，才建立以儒家思想为基础的中国文化系统。当时汉文帝和他的母亲，是崇拜道家老子思想的，那个时候的政治哲学，是主张政简刑清，完全是老子思想，尽量地简化，不主张烦琐，这是有名的所谓"文景之治"。

到了汉文帝的孙子——汉武帝的时候，才主张用儒家，兼用法家的思想，所以在中国的文化历史上，严格地看"文景之治"这一段，比较空白，但也比较朴素。汉文帝当时反对定礼，所持的理由是，儒家的礼太繁了，我们读《礼记》就知道，他的说法不无道理，所以墨子也早已反对，还有很多学者和墨子一样都反对繁文缛节，孔子、孟子的思想，对于过分的礼也是不太赞成。照《礼记》的规矩，真是烦琐得很。我们现在这样站、这样坐都不对的，讲话、走路、站、坐、穿衣，生活上一点一滴，都要小心谨慎，所以说是繁礼，麻烦得很，讨厌得很，专门讲外表，笑都不能哈哈大笑，不能露齿，那多痛苦！汉文帝认为这并不是礼的真正精神，不必定那么多条文，大家只要以身作则来教化，就可以了，所以下令不谈这个问题。

（五）名誉越多越易滋生混乱

名，是很好的，给人家名誉，这是好事，如现在的表扬好人好事，绝对没有错，但是也会使人生矜篡的念头，就是傲慢、篡夺的念头，这就是由名位而生相反的一面。中国的古礼，名称地位不同，待遇也不同。古代的官制很严格，阶级不同，穿的衣服颜色也不同，它的最初目的在表扬有德，这是好的。可是像秦始皇的车服，显示得那么威风，而汉高祖和项羽，当时看了秦始皇的那种威仪以后，汉高祖心里面就起了"大丈夫当如是乎"的念头，项羽更直截了当起了"取而代之"的念头，名位就有这样反的一面，正如老子的话："夫礼者，忠信之薄而乱之首。"人的本质差了，就提倡礼，但是有了礼，制度规范是很好，可也是倡乱的开始。从汉高祖、项羽看了秦始皇的威仪所起的念头这件事可以看出，老子的这句话是可信的了。

（六）贤人政治的反面是朋党

在诸子百家中，墨子主张贤人的政治，"尚贤""尚同"是他主要的思想。历史上的政治哲学思想都是圣贤的政治哲学。赵蕤反贤，但他并不是反对圣贤政治，而是说尚贤太过分了、太偏重了，就会出问题。正如孔子说的"矫枉过正"，矫枉到超过了正的分寸，又是偏了。"尚"就是重视，尚贤政治好的一面是平教化，社会教育文化到最高的水准，社会安定，没有犯罪的人，所以"贤者在位，能者在职"，最终的结果就是"泽施于下，万人怀德"八个字，使全民得到这种政治所产生的福利。而在另一面，光讲贤人在职，贤能与不贤能的人，好人或不好的人，很难分别，如果走偏了，好人与坏人往往也会结成一党。

比如历史上很有名的党祸，在汉、宋两代都很严重，宋代甚至一度立了党人碑，连司马光、欧阳修这一班历史上公认为正人君子的，都列名在党人碑上，几乎要杀头坐牢的！而我们现代从历史上来看宋代的党祸，双方都不是坏人，这两派都是好人。另外一派的领袖王安石，历史上说他如何如何坏，其实也说不出他什么坏的事实，只是说他的政策不对，当时实行得不对，但是我们政治上的许多东西，如保甲邻里制度，就是他当时的这一套制度，他的收税原则也没有错。王安石本人，既不贪污，又不枉法，穿件衣服都是破的，虱子都在领口上爬，爬到衣领上去，被宋神宗看见，都笑了。三餐吃饭，都只吃面前的一盘，一则是因为近视，看不见对面的菜，更重要的是从来不求美食，对于物质的生活，没有什么过分的需求。可是在宋代形成了那么大的朋党，只是政治意见不相投，而成为很严重的问题。朋党则比周，同一政治意见的人会互相包庇，每人都推荐自己信任的朋友，拉自己的关系，结果就废公趋私，变成一个大私的集团，内外挟制，而坏人利用这个团体，把好人当招牌，安安稳稳坐在上面，好人替坏人做了傀儡。这就成了贤人政治的反面。

（七）勇武之人易忽略大局

有的人，勇敢彪悍，可以做军人，保卫国家，而结果走错了路，如现代青年，当太保流氓，好勇斗狠去欺负人，成为私斗，这是勇的反面。勇是了不起，但有勇的人，走偏了路，就变成大太保，乃至当强盗土匪。所以做领导的人，对于勇的人才处理，国家社会该怎样培养他，要很恰当。《长短经》中说"将帅轻去就者，不可使镇边"，如果一个将帅有勇，而行事不够慎重的话，就有"轻去就"的倾向。因为有勇，所以决策时不免掺杂个人的主观好恶，而忽略了整体大局的考量。这样的将帅是不适合镇守边疆的，应该用有仁德持重的镇守边疆，才可常保边界的平安。我们再去读历史，常常看到某一将领在前方，做得非常好，突然会把他调回来，当然，也有的调错了，乃至因此亡国的。如明朝末年，熊廷弼镇守东北，把满族人挡住了，最后皇帝被奸臣蒙蔽利用，把熊廷弼调回来，乃至论死。假如说皇帝浑蛋，本来他在宫廷里长大，对外面的事不全懂，实在就无话可说了。但这些职业皇帝也蛮聪明的，他从左右大臣那里听来的理论，比我们书本上得来的多，公文比我们看得多，他明知道不必要，可是硬把前方干得好好的将领调回来，也自有他的道理，因为犯了他内心上的妒忌。换什么人？"使仁德守之则安矣！"

换一个大度雍容、有仁德、识大体的人坐守边疆，不要打起来就好了。读了这一段，再一想欧美各国的作风，都有他们的道理。在我们看来，他们的这种做法全错了，但不要忘了，我们是站在我们的立场去批评，就我们目前的观点而言。而在他们的立场，只希望他们这一代不乱，安于现实就好了。

由这里知道，书本上的道理到底对或不对，很难评断，同一个道理，同一个原则，用对了就有益，用错了就有害，所以知识这个东西，也是靠不住的，在乎个人的运用。

（八）领导要处理好专权与偏私

齐国的名相晏婴，这位了不起的人物曾经说过，一个好的干部，固然对主管要忠心，可是忠心太过就变成专权了。就是说一切都要经过这一个干部，容易形成这个干部的专权，那就太过分了。两三个兄弟，都要当孝子，其中一个要特别孝，那么下面的弟弟都被比下去了，这也是不孝。古代多妻制的时候，有几个太太，其中一个独擅专房，不能容纳别人，这就是妒忌。因此忠、孝等过分了也不好，也有反效果。

所以吕不韦著的《吕氏春秋》（这本书是吕不韦的智囊团们把中国文化中杂家的学问收集起来编著的，我主张大家要读，它也是中国杂家之学的大成，杂家可不一定是坏的，正的反的，好的坏的，包罗万象，叫作杂学）说：宇宙万物滋生靠阴阳，它生长了高丽参可以补人，也生长了毒草可以害人，并不偏向只生长一类。天下雨，需要水的地方下，不需要水的地方也下，公道得很，这就是天地无私。人要效法天地。所以当领袖的人，万民之主，不能为了一个人而偏私。

申子（战国时韩国人，名不害，学本于黄老而主刑名，著书二篇，号申子，为法家之祖）也说，一个女人独占了丈夫，在多妻制的时代，其他的太太一定发生捣乱的行为。家庭如此，国家也如此，一个臣子"专君"了，其他所有的大臣、干部都被遮盖了，所以专宠的太太很容易破家，而专君之臣容易破国。

所以一个高明的领导人，对于部下，不能只偏爱一人，偏听一个人的意见，也不专权任用一个人，凡事大家一起来，像古代车轮的支杆，一起都动，于是就不会有专君的现象了。

（九）廉而过清的反效果

孔子的学生子路，有一次救了一个落水的人生命，这个落水的人，是一个独子，他家里非常感谢，谢了子路一头牛。子路非常高兴地接受了这头牛，大概杀来炖牛肉给老师吃。孔子奖励子路，说子路做得对，这个风气提倡得好，将来鲁国的人都愿意救人了，救了人有牛肉吃，这样很好嘛！子贡比子路有钱，当然，子贡的个性也不同，依鲁国的法令，当时的奴隶制度，赎人回去，奴主应该收赎金的，可是子贡不收赎金，孔子责备子贡做得不对。这两件事，子路收了别人的红包，孔子说他收得对，提倡好的风气是劝德，而子贡这样做应该也没有错，他谦让嘛，自己有钱，不收人家的钱。可是这样一来，就使别人不敢随便赎人了，所以有时候做好事很难。由这个道理看起来，人应该廉洁，不苟取，一点都不要，这是对的，当然，不可以提倡贪污，不过有些时候，像子贡的不受金于府，也不可以公然做出来，不然就会收到廉而过清的反效果。

（选自《历史的经验》）

有利益大家先拿，有困难我先面对

江海所以能为百谷王者，以其善下之，故能为百谷王。是以圣人欲上民，必以言下之；欲先民，必以身后之。是以圣人处上而民不重，处前而民不害，是以天下乐推而不厌。以其不争，故天下莫能与之争。

——《老子》

江海包含了一切的山谷水流，百川皆归于海，海能容纳一切细流，所以称为海。老子再三用海来比喻，形容一个人的学问、道德、品格的修养。因为大海是世界上最低的地方，容纳了来自各处的淡水、咸水、清水、脏水等一切的水，而成为土地上最大的海洋。这是物理自然的道理，因此人的修养要像海洋一样，能包容一切。

要想做一个领导人，一个居上位的人，最少要做到说话不刻薄，态度也要尽量谦虚。中国皇帝自称"寡人""孤家"，表示全国百姓你们诸位都好，我自己是倒霉鬼。这也是"必以言下"的谦虚态度，表示一切老百姓是主人，我这个寡人是奴仆，寡德之人，来替你们做事。

"欲先民，必以身后之"这句话要注意，年轻人读到这里，不要误以为要打仗的时候，你们先上前线，我在最后面打，而是指领导大家的人，要把本身的利益放在最后。老子讲过"后其身而身先"，有好处时，领导人要让被领导的人先得，剩下来才自己拿，没有剩下来也没关系，我就不要了。假使遇到困难，我先去面对，你们在后面一步，这就是领导的原则，也是领导人的道德。

上古的圣人、政治领导的做法与道德，就能"处上而民不重"。他虽然居在最高的地位，但老百姓没有感觉到重压，没有压力。"处前而民不害"，领导人站在最前面，一般人并不觉得他占了先，也没有妨害大家。"是以天下乐推而不厌"，因此古代历史上的圣君明王，天下归心，那是自然而来的。

"以其不争"，圣人的不争，是对于利益不争，利益由别人先得，坏事情别人不要去，由他先面对。这个"不争"是不争好处，并不是不做事。"故天下莫能与之争"，所以世界上没有人与他争。不是不敢与他争，而是不想争，因为他接受的都是倒霉的事情，别人不会来抢了。这是上古传统的政治哲学以及政治艺术的道理。

（选自《老子他说》）

不必要求成功在我

不自见，故明；不自是，故彰；不自伐，故有功；不自
矜，故长。夫唯不争，故天下莫能与之争。古之所谓"曲则全"
者，岂虚言哉？诚全而归之。

——《老子》

道家、佛家、儒家教人的道理几乎都是一样的。不过佛家、
儒家是从正面讲，老庄道家是从反面说。反面说，意义深刻，
不但深刻，而且更具有启发性的作用。佛家与儒家从正面上
说，往往变成了教条式的告诫，反而使人抗拒。老庄道家的
说法却合乎"曲则全"的作用，比较使人容易接受。

"不自见，故明"。人本来要随时反省，使自己看见自己
才好，为什么在这里却说要"不自见，故明"呢？这是说，
人不可固执主观的成见，执着了主观成见，便同佛家所说的
"所知障"，反为自障了！有了主观成见，就无法吸收客观的
东西。尤其对一个领导人来讲，千万不要轻易犯了这个错误，

即如一个公司的老板、董事长，一旦事业成就，便不可得意忘形，须有"不自见"，才能更加明白事理。有人说，老庄是帝王学，是伟大的领导术，也许重点就在这些至理名言中。当一个领导群众的人，千万不可有"自见"，需要多听听别人的意见，把所有的智慧，集中为你自己的智慧，你的智慧就更大了。

"不自是，故彰"。"自是"与"自见"差不多是同一个道理，但同中有异。"自是"是主动认为我一定都对的，我绝对没有错。譬如现在人喜欢引用拿破仑说的"拿破仑的字典里没有难字"，乍听很有气魄，其实拿破仑就太"自是"，结果还是要失败。他不过是像项羽一样的人物，并没有真正成功的内涵。他的字典里面没有难字，那是"自是"。

"不自伐，故有功"。"自伐"是自我表扬的代名词。有了功劳的人爱表功，差不多是人们的常态。尤其许多青年同学，很容易犯这个毛病，虽然只做了一点事，就想人家表扬一下，要鼓励鼓励。有些人稳几天可以，多过几天心里就稳不住了，我做的事这么久了，好像老板都不知道，就要想办法表现出来。真正有修养的人不自伐，有功等于无功，儒家的人常以尧舜来做标榜，"功在天下""功在国家"，而他自己更加谦虚，觉得自己没有什么贡献似的，那才是不自伐的最高竿，当然不会埋没了你真正功高望重的知名度的，因为天下明眼人毕竟很多。

"不自矜，故长"。"自矜"也就是现在所讲的自尊心，说好听点叫自尊心，说不好听就叫作傲慢，自尊心与傲慢几乎是同一心态，但用处不同，效果也不一样。比如走在街上，看到别人的钞票掉了，很想把它捡起来，但又不敢去捡，为什么？因为有自尊心。那你就干脆捡起来等人来认领，或是送到警察派出所招领，这也没有什么不对。所以自尊与傲慢，看是用在什么地方，用不对了，就是傲慢，用得好就是自尊。傲慢的人不能成功，所以要不自矜。

"不自见，故明；不自是，故彰；不自伐，故有功；不自矜，故长"，这"四不"的名句，是为人立身处世必然要记住的道理，岂止要把它作为"座右铭"，应当要把它作为"额头铭"，要贴在额头上，记在脑子里，则终身受用不尽。

"夫唯不争，故天下莫能与之争。古之所谓'曲则全'者，岂虚言哉？诚全而归之。"讲到这里，全篇还是一句老话——"曲则全"。

要怎样才能做到无争呢？好处都属于别人的。例如佛家所说就要菩萨发心，慈悲爱人，爱一切世人，一切牺牲都是为别人，自己不想得到任何一点报酬。因此，"天下莫能与之争"。纵然要争，也没有用，我既什么都不要，本来便是空，与"空"争个什么！人之所以有祸害、有痛苦、有烦恼，就是因为想抓住点什么，既然一切都不要、都舍出去了，那自然无争，自然争不起来。这看来是反面文章，其实正是为了正面可保全自己，成就自己的道德，完美自己的人格，所以老子加重语气说："岂虚言哉？"这不是空话啊，不是空理论啊！

"诚全而归之"，这句话可以做两种解释。一种是说"曲则全"最重要，人生最伟大的作为，不必要求成功在我，无论在道德学问上的成功，或是事业上的成功。如果"功成身退而不居"，一切付之全归，这赤裸裸的坦诚，就是"曲则全"的大道，是人生的最高艺术。"诚"字可以把它作动词用，说明实在要走"曲则全"的道理，才能够得上为天下之所归，众望之所属。

另外一种解释是，"诚"字后面加一标点，构成"诚，全而归之"。这样一来，便是说明如何做到"曲则全"的真正条件，那只有一个"诚"字才可。绝对不能把"曲则全"当作手段，要把它当作道德，要真正诚诚恳恳地去做。如果知道"曲则全"的名言，却把它当成手段去做，那就"不诚无物"，完全不对了。这种解释也不是我的发明，很多古人的注解早已有了。

"自见""自是""自伐""自矜"是人类的通病，一般人的心理，大多具有这些根本病态。当我们经常到一家名餐厅宴会,这家会做菜的名厨师,在我们吃饭当中,出来打一照面,招呼贵宾的时候,我们就要向他恭维几句,或者敬他一杯酒,表示他做的菜真是高明,不然他就很扫兴。如果说你的菜做得天下第一好,那么虽然他这时还挂着一脸油烟,累得要死,心里的滋味却舒服得很,这是一般的常理。所以,老子再三说明,一个人有了这些心病,一定要能反省,知道自加改正才好。假使你这个人已经很高明,高明就高明,又何必一定要别人加说一句你太高明。你是不是高明,别人慢慢自会看清楚。假如自己天天喊我很高明,除了做广告以外,那还有什么用呢?所以有道之士,自处绝不如此,绝对没有这种心理行为,才算合于道行。

老子所说的"四不",在体而言,同于佛说的离四相——我相、人相、众生相、寿者相;在用而言,又同于孔子所说的戒四毋——毋意、毋必、毋固、毋我,恰如其分。所以,它不但限于个人自我的修养,仅是修道者的道德指标,同时,也是所谓帝王学——领导哲学最重要的信守、最基本的修养。历史上凡是要立大功、建大业的人,只要一犯此四个原则,绝对没有不彻底失败的。

我们现在举出东晋时期,史称五胡十六国乱华的时代,秦王苻坚的故事。

苻坚弑其君苻生,自立为王,正当东晋穆帝——司马聃升平元年（公元三五七年），他起用了那个在野的名士、平时扪虱而谈天下事的王猛为政，不过十三四年之间，北灭燕云，南胁东晋，大有不可一世的气势。再过了没几年，王猛得病将死（王猛当政也只十六七年），苻坚不但为其百计祈祷，并且还亲自到病榻前访问后事。王猛对他说：

善作者不必善成（成功不必在我之意），善始者不必善终（也就是《易经》坤卦无成有终的意思），是以古先哲王，知功业之不易，战战兢兢，如临深谷。伏惟陛下，追踪前圣，天下幸甚。

又说：

晋虽僻处江南，然正朔相承，上下安和，臣没之后，愿勿以晋为图（告诉他，切莫轻易南下用兵图谋东晋）。鲜卑、西羌，我之仇敌，终为人患，宜渐除之，以便社稷。

王猛一死，苻坚三次亲临哭丧，而且对他的儿子（太子）苻宏说："天不欲使吾平一六合邪，何夺吾景略（王猛字）之速也？"过了七八年，苻坚一反常态，不顾王猛的遗嘱，便欲将百万之众，南下攻击东晋。当他聚集高级臣僚开军事会议时，左仆射（相当于辅相的权位）权翼持不同的意见说："晋虽微弱，未有大恶；谢安、桓冲皆江表伟人，君臣辑睦，内外同心，以臣观之，未可图也！"

太子左卫率（相当于侍卫长官，警备总司令）石越曰："今岁镇（天文星象的岁月，镇星）守斗（自南斗十二度数起，到须女星的七度，属星纪，正在吴越分野之处），福德在吴（古代抽象天文学，认为太岁所在，其国有福），伐之，必有天殃。且彼据长江之险，民为之用，殆未可伐也！"苻坚却坚持自己的意见说："昔武王伐纣，逆岁违卜。天道幽远，未易可知。夫差、孙皓皆保据江湖，不免于亡。今以吾之众，投鞭于江，足断其流，又何险之足恃乎！"这便是苻坚的最大自伐、自矜之处。

会议席上，文官武将，各人就利害关系，正反面的意见都有，始终无法决议。苻坚便说："此所谓筑舍道旁，无时可成。吾当内断于心耳！"当时这个时候，再也没有一个人，如王猛一样，教他先求修明内政，建立最高的文化政治以巩固基础了！散会以后，苻坚特别留下亲王的阳平公——苻融商量，苻融说："今伐晋有三难：天道不顺，一也；晋国无衅，二也；我数战兵疲，民有畏敌之心，三也。群臣言晋不可伐者，皆忠臣也，愿陛下听之。"苻坚听了他的意见，便正色地说："汝亦如此，吾复何望！"苻融听到他的坚持自见与自是，愈觉不对劲，便哭着说："晋未可灭，昭然甚明。今劳师大举，恐无万全之功。且臣之所忧，不止于此。陛下宠育鲜卑、羌、羯，布满畿甸，此属皆我之深仇。太子独与弱卒数万留守京师，臣惧有不虞之变生于腹心肘掖，不可悔也。臣之顽愚，诚不足采；王景略一时英杰，陛下尝比之诸葛武侯，独不记其临没之言乎！"

符坚仍然不听他的意见。等到回到后宫，他最宠爱的妃子张夫人，也苦苦来劝谏他勿出兵侵略东晋。符坚便说："军旅之事，非妇人所当预也！"换言之，军事的事，不是你们女性所应该参与意见的。他最喜欢的小儿子符诜也来劝谏。符坚便训斥他说："天下大事，孺子安知？"换言之，你这个小孩子，哪里懂得天下国家的大事？大家没有办法阻止符坚的主观成见，便来找他最相信的和尚道安法师，请其设法劝阻。道安婉转劝说，也不成功。弄得太子符宏没有办法，只好再拿天象来劝谏说："今岁在吴分，又晋君无罪，若大举不捷，恐威名外挫，财力内竭，此群下所以疑也！"符坚还是不听，转对儿子说："昔吾灭燕，亦犯岁而捷，天道固难知也。秦灭六国，六国之君岂皆暴虐乎？"

这样一来，只有一个人在冷眼旁观——待时而动、乘机而起的燕人慕容垂。慕容垂独对符坚说："陛下断自圣心足矣，何必广询朝众！晋武（晋武帝司马炎）平吴，所仗者张、杜二三臣而已，若从朝众之言，岂有混一之功！"这一下正好投合苻坚的心意，因此，便大喜说："与吾共定天下者，独卿而已。"谁知不到一个月，秦王苻坚自统六十余万骑兵南下，一战而败于淝水，比起曹操的兵败赤壁还要悲惨。慕容垂不但不能与他共天下，正好趁机讨好，溜回河北，不但复兴后燕，而且还是促成苻坚迅速败亡最有力的敌人。

我们读历史，看到历史上以往的经验，便可了解古人所推崇的古圣先贤的名言学理是多么重要、多么可贵。譬如苻坚的暴起暴亡，抵触老子所说的"四不"戒条，无一不犯，哪有不败之理。苻坚虽有豪语，所谓"投鞭足以断流"。其实，正是他投鞭以断众见之流，因此而铸成大错特错。所以老子说"故有道者不处"，正是为此再三郑重其言也。

（选自《老子他说》）

道家管理学的终极秘密

看到后世的说法，尤其最近一百年来，许多谈论中国政治思想的，所谓黄老之道，都以老子为根本。老子主张无为，因此许多人认为那些辉煌朝代的帝王是无为之治。那么，什么才是无为？当皇帝什么都不管，那他管什么？大概只管吃饭。所以把无为解释成什么都不管，是很莫名其妙的。

所谓汉唐黄老之道的用法，历代帝王所用的秘诀，大原则大政治，就是《庄子·大宗师》中的一段精华："以刑为体，以礼为翼，以知为时，以德为循。"这些秘密，帝王们尽管用，但是可用不可讲，讲了就不能当帝王，只能当教书匠了。如果你们学会了这个秘诀，想当了不起的人，或者当一个老板，也是可以用不能讲，这一点特别说明。

所谓无为之道，是讲为人上者，做领导人的无为，而把国家大事，一切付之于法治，就是"以刑为体"。这是法治的精神，并不一定是讲法律！也就是现代所谓制度化的观念，将一切归之于制度。所以，上面的领导人，他在这个位置，等于一个手指头，只要按到一个电钮，整个制度就跟着动起来，所谓损力少，成事多，这就是无为的道理。

我们不要看到"刑"字，就认为完全归之于法治。首先要了解历史，在我们历史上的经验很多，不重法治天下会大乱，完全信赖法治天下也会大乱，这就是应用之妙，所以要配合上面庄子这四句话。

在我们的文化历史上，还有个东西需要了解，就是法家的学问，法家也出于道家。法家非常残酷，历史上记载，刑法太严格的法治就变成一个残酷的时代。所以由司马迁开始，把完全讲法治的人另外归类，列入酷吏这个传记里。

看这些法家残酷的法治，问题就来了，法家怎么会出在道家呢？道家是讲道德、清静无为，讲慈悲的，为什么会发生如此严重的偏差？我们要知道，一个讲清静无为修道的人，一定非常注重道德。因为注重道德，对人对己的要求就非常严格。严格的结果，就是法治的精神。譬如佛家的戒律，我们学佛本来要解脱，一个学佛的人，自己性命也不管了，头发也剃了，衣服也换了，一切都放下不要了，本来还自在的一个人，结果出了家，反而觉得很不自在，为什么？因为必须要守戒律。

戒律是一个道德的规范，对自己要求的严格，管理的严格，于是就产生了法家的精神。法家就是戒律，而且是对于整个社会的全面的戒律，用之太过就变成残酷，用之恰当呢，法家就是治世最重要的规范。所以庄子提出，光"以刑为体"是不行的，还要"以礼为翼"。

下面庄子把这四点再加以引申，讲以刑为主的做法。

以刑为体者，绰乎其杀也；以礼为翼者，所以行于世也；以知为时者，不得已于事也；以德为循者，言其与有足者至于丘也，而人真以为勤行者也。

"以刑为体"不能过分，过分就成了酷吏，"绰乎其杀也"。所谓"绰乎"，是很轻松自在，并不是严刑峻法。刑法过重，法令太严密，那就是严刑峻法，我们的文化史上素来认为那是错误的，也不是法家的真正精神。

"以礼为翼者"是以文化的精神做辅翼，足以永垂万世。

"以知为时者"是要知机，要知道进退存亡之时机。事情到某一阶段，应该停止的时候就要停止，是不得已只好这样做，也是不能不这样做。不得已有两个观念。一个观念，拿儒家来说，孔子想救世，明知道救不了的时代，他仍要去救，尽其一生去救。每个宗教家都是如此，这是不得已于事也。另一个观念，知道事情没有办法做，只能适可而止，恰到好处，就是不得已于事也。所谓知，就是两方面的应用。

"以德为循者，言其与有足者至于丘也"。这个丘，不是指孔丘，是说这个地方堆起来像山丘一样。以道德为标准，依照道德的规范，"有足者"等于佛家讲的圆满，达到一个圆满的标准，树立一个很高的像山丘一样的标准。

　　"而人真以为勤行者也"。实际上，修道之人外表上看起来忙得很，"以刑为体，以礼为翼"，其实他内心什么事情都没有，很逍遥，很自在，一天到晚忙，可是像没有事一样。一般人认不清楚，以为他这个人修道很努力啊，以为这个样子才叫作修道。这是只看外形。这一句话就是庄子这一段里的点题，一个真正修道的人，入世处世，好比当了皇帝，日理万机，一天有一万件事那么忙，但心中无事，这就叫作无为之道。因为一切他都有一个制度，有个规范，已经弄好了。

（选自《庄子諵譁》）

道家管理学的最强一战

现在来看一个历史故事，以了解黄老之学在中国历史上占有重要地位的原因，使研究黄老的人，掌握到研究的正确方向。道家最初发生最大影响的，是在汉高祖刘邦的创业之初，所用建立功业最大的人才，便是张良、陈平这些道家人物。汉初的"文景之治"，文景父子两代的领导思想，都是用黄老道家学说。汉文帝与汉景帝的母亲都喜欢研究《老子》，而受其影响很大。

刘邦在位不过几年就死了，政权则落到他妻子吕雉的手中，天下最诱惑人的权势，极少有人摆脱得开，因此吕后便想因势乘便，要把帝位转给娘家的人。但是，当年跟刘邦一起打天下的文臣武将们，袍泽情深，都不以为然，所以等吕后一死，便起来削清吕家的权力。在这一段时间中，政治、经济、社会等，都非常混乱。

吕家的权力既然削平，大臣们就要找出刘邦的儿子来接皇帝位，可是刘邦的儿子已被吕后杀得差不多了，只有一个小儿子刘恒，被分封在西北边塞为代王，毗邻匈奴——内蒙古的荒漠贫瘠地带。因为他母亲薄氏喜欢走道家"清静无为"的路线，防意如城，无欲无争，所以吕后没有把她放在眼里，才保全了性命。这时大臣们商议，就找到这位远在边塞、性情朴实、清心寡欲、守道尚德的代王，把他迎请到首都长安来，继承汉祚，他便是后来的汉文帝。

研究这段历史，在黄老之学方面的运用，是很有意思的。

刘恒，顶了一个代王的头衔，被冷落在边塞，突然传说长安有人来，请他回中央当皇帝，真是福从天降，人世间没有更好的事了。可是，他知道这个消息后，就去请示母亲，该不该应邀。这时刘恒的两个重要干部，一个是郎中令——相近现代的秘书长——张武，一个是中尉——类似现代的参谋长——宋昌。张武认为，此时正是中央政府最混乱的时候，而且朝中的一班大臣，都是跟刘邦一起打天下的人物，是刘恒的父执辈，很难驾驭，所以不能去，必须打听清楚。而宋昌则反对，他分析情势，认为可以去。他说，自秦始皇暴虐以来，天下大乱，各地英雄纷起抗暴，而最后统一天下的，是你的父亲刘邦。天下的老百姓都认为天下是你刘家的，虽然有吕后这一次夺权，但为时很短，天下人心仍然归刘。现在大臣们把政权动乱的局面安定下来以后，如果不是看清楚民心归趋所在，也不会到遥远的边塞来迎请你回去当皇帝。

既然天下归心，那么大势已在掌握，为什么不去？两人的意见恰恰相反，很难下一决定，最后请示母亲时，这位深通《老子》的老太太，运用无为之道、用而不用的原理说："先派舅舅薄昭到长安去看看吧！"意思是先派一位大使前往观察一下形势，收集些情报资料。这位大使舅爷自长安回来，报告情况说，可以去接位，于是刘恒才带领张武、宋昌等一些干部，前往长安，准备承接皇位。

这时刘恒的身份还是代王，不算是皇帝，不过是刘邦几个儿子中的一个，连太子的名分也很勉强，最多只能说他同等于一位太子而已。在另一方面，这时汉朝中央政府的权力，实际上早已掌握在周勃一人手中。当刘恒从边塞来到首都长安城外的渭桥地方，周勃早率领了文武百官，跪下来接驾，刘恒也立即跪下来还礼。这就是刘恒之成为汉文帝，他深知此时的局势非常微妙，进退应对之间很难处理，何况自己还没有即位，所以立即下跪回拜，这也就是老子的精神——"谦德"。《老子》说："我有三宝，持而保之：一曰慈，二曰俭，三曰不敢为天下先。"汉文帝的一生，就实践了这三件法宝。

在刘恒左右的张武和宋昌也是了不起的重要干部，都曾深习黄老之学。在渭桥行过礼后，周勃向刘恒说："代王！我和你退一步，单独说几句话。"宋昌就出来说："不可以。请问周相公，你要向代王报告的是公事还是私事？如果是私话，则今日无私。如果是公事，则请你当众说，何必退一步说？"宋昌确实是一位好参谋长，这也是老子之道无私的反面运用。

周勃被他说得没办法，就说："没有别的，只是公事。"宋昌说："什么事？"周勃说："是皇帝的玉玺在此，特别送上。"于是将玉玺送给代王。刘恒接过玉玺，照常情，他就是皇帝了，他却说："这不可以，今天我初到，还不了解情形，天下之事，不一定由我来当皇帝，可以当皇帝的人很多，我现在只是先代为把玉玺保管起来，过些时日再说。"这就是黄老之道的"用而不用"，要而不要。谦虚是谦虚，该要的还是要。

他收下玉玺以后，还是没有立刻即皇帝位，住在宾馆九个月，没有办事，等一切都观察清楚了，才宣布即位当皇帝，这时年纪还很轻，政事还是很难为。第一，他的同宗兄弟中，还有年纪比他大的，还有一些远房伯伯叔叔的孩子，亦算是刘家的宗室。第二，以前曾跟刘邦一同起来创业、掌有兵权的老将军们，分在四面八方，人数很多。内在的政治基础不够稳固，外面的实力空虚，自己手上没有一个兵，只是手里拿到一颗玉石刻的大印，能印得了什么？

可是他考察了九个月以后，发现最难对付的，是长江以南的地方势力，包括了缘湘、赣五岭以南的广东、广西、福建乃至云南、贵州等地，其中的南越王赵佗，在吕后乱政的时候，他听说在故乡的兄弟被诛，祖坟被挖，对汉朝非常怨恨。吕后死后，他见汉朝中央主政无人，便自称皇帝，而且兴兵到湖南长沙的边境，准备向北进攻。

赵佗原来是河北人，是与汉高祖同时起来，反抗暴秦的英雄好汉之一，秦始皇被打垮以后，他未能在北方发展，就到南方，在广东当县尉令，任上县令死时，把县政交给了他，他便自称南越王。那时五岭以南地区尚未开发，为边远的蛮荒烟瘴之地，汉高祖亦奈何他不得，派了一位亦道亦儒的能员陆贾当大使，干脆承认了南越王的地位。后来因为吕后对不起他，所以在吕后死后，他也自认为有资格即皇帝位，窥伺汉室。

像这样一个局面，该怎么办呢？如果说出兵与赵佗一战，这一主战思想，将使问题更加严重，决策不能稍有疏失，内战结果，胜败不可知，天下属于谁家，就很难说了！因此只有另作他图。汉文帝有鉴于此，所以他在就皇帝职位后，除了修明内政以外，便只有用黄老之道了。

在历史的记载上，有关汉文帝处理这个大难题的有两封信，其中一封是汉文帝给赵佗的，一封是赵佗答复汉文帝的，这样两封往来的信件，消弭一场大战于无形，亦拯救了无数生灵。

当然，事情并不如此简单，汉文帝在写这封信之外，还有内政上的措施、军事上的部署等，并且遴选了一位老谋深算的特使，便是赵佗的老朋友陆贾。各方面都有了妥善的安排，处于一个有利的形势，增加了这封信的力量，于是收到宏大的预期效果。

从这两封信上，我们不难窥见黄老之道的精神与内涵。现在，我们先在这里介绍两信的原文，然后再做一概略的分析。

汉文帝赐南越王赵佗书

皇帝谨问南越王甚苦心劳意。朕高皇帝侧室之子，弃外奉北藩于代，道里辽远，壅蔽朴愚，未尝致书。高皇帝弃群臣，孝惠皇帝即世，高后自临事，不幸有疾，日进不衰，以故悖乎治。诸吕为变故乱法，不能独制，乃取他姓子为孝惠皇帝嗣。赖宗庙之灵，功臣之力，诛之已毕。朕以王侯吏不释之故，不得不立，今即位。

乃者闻王遗将军隆虑侯书，求亲昆弟，请罢长沙两将军。朕以王书，罢将军博阳侯；亲昆在真定者，已遣人存问，修治先人冢。

前日闻王发兵于边，为寇灾不止。当其时，长沙苦之，南郡尤甚。虽王之国，庸独利乎？必多杀士卒，伤良将吏。寡人之妻，孤人之子，独人之父母，得一亡十，朕不忍为也。

朕欲定地犬牙相入者，以问吏。吏曰：高皇帝所以介长沙土地。朕不能擅变焉。吏曰：得王之土，不足以为大；得王之财，不足以为富；服领以南，王自治之。虽然，王之号为帝。两帝并立，亡一乘之使以通其道，是争也。争而不让，仁者不为也。愿与王分弃前患，终今以来，通使如故。

故使贾，谕告王朕意，王亦受之，毋为寇灾矣，上褚五十衣，中褚三十衣，遗王，愿王听乐娱忧，存问邻国。

南越王赵佗上汉文帝书

蛮夷大长老臣佗，昧死再拜上书皇帝陛下：老夫故越吏也。高皇帝幸赐臣佗玺，以为南越王，孝惠皇帝义不忍绝，所赐老夫者甚厚。

高后用事，别异蛮夷，出令曰：毋与越金铁、田器、马牛羊。老夫僻处，马牛羊齿日长，自己祭祀不修，有死罪，使凡三辈上书谢过，终不反。又风闻父母坟墓已坏削，兄弟宗族已诛论。吏相与议曰：今内不得振于汉，外亡以自高异。故更号为帝，自帝其国，非有害天下也。高皇帝闻之大怒，削南越之籍，使使不通。老夫窃疑长沙王谗臣，故发兵以代其边。

老夫处越四十九年，今抱孙焉。然夙兴夜寐，寝不安席；食不甘味者，以不得事汉也。今陛下幸哀怜，复故号，通使如故，老夫死骨不腐，改号不敢为帝矣。

现在，且分析一下这两封信。

汉文帝给南越王赵佗的这封信，用文学的眼光，从文字上看它的写作技巧，可以判断，也许不是出于秘书长这一类的人物所写，而是汉文帝的亲笔信，这也就表示出他的诚恳。

"皇帝谨问南越王甚苦心劳意……不得不立，今即位。"这一段，一开头"甚苦心劳意"这一句，就是带刺的，他向南越王问候说："你用心良苦，太辛苦了。"又说他自己没什么了不起，只不过是我父亲刘邦——汉高祖小太太的儿子，素来被人家看不起，送到北方的边塞，路途遥远，交通更不方便，"瓮蔽朴愚"，那时知识不够又愚蠢，所以很抱歉，平常没有写信向你问候。就这样一句话，把赵佗笼络住了。假定写成现代白话信，就是说："赵伯伯，你好，你很辛苦哦！很伤脑筋吧？我没有什么了不起，不过他们硬要叫我坐上这个位子当皇帝，弄得我不能不当，现在我已经即位了。以前很少向你送礼，现在寄一只火腿，专程叫一个人代表我去看看你。"这样一个大意。

再看他第二和第三段，"乃者闻王遗将军隆虑侯书……朕不忍为也"这两段的主旨。他先说："我现在当了皇帝，知道你曾经给隆虑侯将军写过一封信，因为你与先父一起革命而离开家乡的，如今你不知道留在北方故乡家属以及同宗兄弟们的情形，所以写信给他，为你联络，并且希望中央政府，把湖南长沙方面的两位边防司令，给予免职的处分。隆虑侯将军已向我报告了你的来信，我已经准许了你的要求，调动了你所要求撤换两位将军中的一位，你在北方的家属和同宗兄弟们，我也已经派兵保护得好好的，并且派人修过了你祖先的坟墓。"这一小段话，表面上看来，是一番温语，诚恳的安抚。实际上也等于说："你不要乱动，否则，我可以把你的家人族众都灭绝了，连你的祖坟也挖了。"先来一个下马威。这些话虽然没有明白写出来，而字里行间，隐然可见，赵佗是感受得到的。

然后又晓以利害，在第三段说："你发兵于边，为寇灾不止，南方边界上长沙一带的人，被你扰得痛苦极了，就是在东南一带，你的心腹之地如广东、广西等地的百姓，可不也因你发动战争而痛苦极了吗？战争对你又有什么好处呢？结果只是多杀士卒，伤良将吏，一个战役下来，损失许多你自己多方培养而成的优良军事干部，兵员的死亡，更不计其数。于是许多人，丈夫死了，太太守寡；父亲死了，孩子成孤儿；儿子死了，父母无依无靠。最后可能你的国土也完了，像这样悲惨残酷的事，在我则是不忍心去做的。"

第四段，他更进一步，借"吏曰"的话，就自己的利害立场，表达了自己的宽宏大度，而且在无责备的言语中，责备了赵佗的擅自称帝与不仁。"我本来要整理内政，将边界上与你犬牙相错的领土，重新勘定规划。我问管内政的大臣，他们报告说，高祖在位时，就分封了湖南以南的土地，归你管理。这是老太爷留下来的制度，不能随便变更。依据他们的意见，中国本来是我刘家的，纵然把你现在所管理的土地归并过来，在我也并没有增加多少，因此，这湘、赣以南的地区，我还是要委托你去统治。不过你也自称皇帝，使一个国家有两个元首，是你有意造反嘛！这就不对了。你只晓得讲斗争，谁又不懂斗争呢？你却不懂仁而谦让的更高政治哲学。希望你放弃过去的意见，好好听中央的指挥，从今天起，恢复以前的政治关系，治理好你的地区。"

汉文帝亦很会用人，他所派送这封信的大使，选择了陆贾，这位老先生是汉高祖以来专门做特使的人，而且每次都能完成任务，第一次说服赵佗的就是他。汉文帝因此在信上最后说："我叫你的老朋友陆贾转达我的意思，希望你立刻接受，不要造反。另外送给你在中原最贵重的礼物，愿你听乐娱忧，存问邻国。"这八个字的结语，在作文的文法上，正和开始的"甚苦心劳意"五个字,遥遥相应,首尾相接,妙到毫巅。而其内容含意,更见深厚,就是说:你也年纪大了,不要野心勃勃,想当什么皇帝。年纪大的人,每天玩玩,听听音乐,喝喝咖啡,或者打太极拳,游山玩水,下盘棋乃至打八圈卫生麻将也无妨,再不然去邻国访问,做些睦邻工作也好,这样安安分分多好,大可不必自寻烦恼啦!

综读全文,真是好厉害的一封信,字字谦和,可字字锋利如刃。南越王赵佗读了,自然心里有他的盘算:如今刘邦有了一位如此厉害的小儿子即位,自己万万不如他,看来这天下不可能属于自己的,只有赶快见风转舵,退步,撤兵。

赵佗比汉文帝大几十岁,已经自称皇帝。这一来又自己取消了皇帝的名号,回一封信给汉文帝,可也是用的道家手段,试看赵佗回信的原文就知道。

他一开始就针对汉文帝自称只是刘邦侧室所生小儿子、没有什么了不起的谦辞,说道:"我也没有什么了不起,不过是蛮子里的一个头目,而且是一个年纪大了的糟老头子,我该死,对不起你,向你再拜叩。不是我造反,而是你的那位大妈——吕后,如何如何不对,才逼我做的。"

看这赵佗,好伶俐的口齿,这么轻轻一拨,把一件诛灭九族的叛逆弥天大罪,推到一个已死的老太婆身上,而且这个老太婆,亦是汉文帝心目中深恶痛绝的人,赵佗所说的也是事实。接着他说"老夫处越四十九年"，暗示我是与你父亲刘邦同时起来革命的人，现在统治两广四十九年了，"今抱孙焉"，我孙子都很大了。可是，我这大把年纪，还要训练部队，准备作战，"夙兴夜寐"，睡也睡不好，吃也吃不好，实在太辛苦了，这都是你大妈做的那些事情，使我没有办法报效中央，不得已才如此做的，并不是我想造反。现在你大皇帝如此之好，又怜悯我这老人，送了这许多珍贵的东西，恢复我的王位，这样我就放心了，相信死了以后，也不会被挫骨扬灰，我当然听话，绝不自称皇帝。

就这样往来的两封信，消弭了一场可怕的大战，这就是黄老之道。所以深懂得黄老之道的人，其运用之妙，能兵不血刃而使天下太平。

实际上，赵佗行文到中央时，绝对不称王，只称老夫是"蛮子的头目"，在他自己的领域内，还是当他的皇帝，自称不误。汉文帝也不是不知道，只是睁只眼，闭只眼，大家过得去，就暂时算了。因为自春秋战国以来，五百年左右的战乱，全国民穷财尽，不但财富光了，人才也没有了，这时最重要的，是培养国家的元气。但这不是短时间可以办到的，所以对赵佗在南方的闭关自守，暂不过问。

此后，没有几年，北方的匈奴作乱，汉文帝也是写了一封比给赵佗还更简短的信，只对匈奴的领袖说了几句话，就把一场战争化解了。所以，从汉文帝在位的二十三年，他儿子景帝——刘启在位十六年，一直到他孙子武帝——刘彻初期的一共五六十年间，国家民族安定，成就了汉代辉煌的文化，奠定了汉朝四百年政权的深厚基础。

汉文帝个人的道德修养，当然是学老子，行黄老之道。例如：他即皇帝位后，所穿的一件袍子，一直穿了二十年，补了又补，就没有换一件新的，这不是矫揉造作，完全出于道德修养，老子"慈""俭""不敢为天下先"三宝之一的奉行。然后，又尽量减轻刑罚，更改法律与社会制度，财经上减轻税赋，种种改变，宽大到极点。历史的记载，汉文帝当了二十几年皇帝，监狱中几乎没有犯人，这是著名的"文景之治"的景象。

（选自《老子他说》）

王道还是霸道，非要二选一吗

上古时儒道不分家，文化同根，都和孔孟所讲的原则相同，推行王道。秦汉以后儒道分为两家，此后中国再没有出现真正的王道政治，只有"以力假仁"类似王道的情形。我们且看一个历史故事，大致就可以了解其中的道理。

汉高祖统一天下，称帝称王。文帝即位，汉朝政治真正走上轨道。文、景两帝是"内用黄老，外示儒术"。汉武帝正式以儒家孔孟思想为施政中心，政绩非常辉煌。汉朝的政治究竟是用道家抑或儒家？是行王道抑或霸术？说句老实话，当然是霸术！到汉宣帝的时候，我们看看下面的记载：

汉宣帝甘露元年——皇太子柔仁好儒，见上所用多文法吏，以刑绳下，常侍燕从容言："陛下持刑太深，宜用儒生。"帝作色曰："汉家自有制度，本以霸王道杂之；奈何纯任德教，用周政乎！且俗儒不达时宜，好是古非今，使人眩于名实，不知所守，何足委任！"乃叹曰："乱我家者太子也！"

淮阳宪王好法律，聪达有才；王母张倢伃尤幸。上由是疏太子而爱淮阳宪王，数嗟叹宪王曰："真我子也！"常有意欲立宪王，然用太子起于微细，上少依倚许氏，及即位而许后以杀死，故弗忍也。久之，上拜韦玄成为淮阳中尉，以玄成尝让爵于兄，欲以感谕宪王；由是太子遂安。

——《资治通鉴》

汉宣帝的太子（汉元帝）个性、处事都是软软的，心地比较善良，即使看见杀鸡也会觉得恐怖而不忍心，同时他也喜欢儒家孔孟之道。父亲汉宣帝所运用的政治原则着重法治，下面一班大臣执法也都是严厉苛刻，以严刑峻法来驾驭部下，并约束一般人的思想行为，他看不下去。有一次，他陪父亲吃饭。在古代宫廷之中，家人父子兄弟在一桌吃饭也是不容易的。当皇帝高兴的时候，才把太子或什么家属叫来一起吃，叫作"侍燕"。太子得到侍燕的机会，趁父亲高兴的时候，就态度从容、语气缓慢地，不敢以父子的私情，只是用君臣的关系说："陛下，您现在以法治的精神治理国家，我看下面执法的人最好用一般的儒生——现代语是用些学者。"

古代帝王制度，在家族的立场是父子，在公事的立场是君臣，父子是君臣，夫妻也是君臣，那是很严重的。汉宣帝本来一顿饭吃得蛮舒服，一听见这样的话，尤其是从准备继承政权的孩子口中说出来，一气之下，脸色都变了，饭也吃不下了。他对太子说，我们刘家自有天下以来，自有刘家的体制，是王道和霸道混合应用的，不能只用王道不用霸道，也不会只用霸道不谈王道，怎么可以专用儒家的孔孟之道、只讲道德的教化呢？这是做不到的，不可能的！时代已经不同了，如果现代实行周朝文王、武王时代的制度，那就糟了！

汉宣帝盛怒之下，说出了内心的真话。也可以说，这正是周朝以后一直以来，汉、唐、宋、元迄明、清，历代帝王的真传秘诀。

汉宣帝又批评当时崇尚孔孟之道的儒家说：现代这一班世俗儒生，根本就没有头脑，都是一些不通时务的好古之徒。他们不懂人情世故，主观上有偏见，喜欢说古代什么都好，现在什么都不对。读书人很容易犯这个毛病。现在的读书人则不是说古代怎么好、现代怎么坏，而变成了外国的什么都好，中国的一切都不行。

汉宣帝又说，这些读书人只是把这种听起来蛮崇高、美妙的理论吹得天花乱坠，把人吹得头脑昏昏的，令人觉得愈听愈好听，而不知道把握政治上的要点、洞察当时的时代背景，这样的书呆子怎么可以做官？怎么可以把政治交到他们手里去搞呢？

说完这一段历代帝王治理国家大事的秘诀之后，汉宣帝叹了一口气说，我们刘家的天下大概就要败在你的手上了。从周秦以后历史的事实发展上，证实了宣帝讲的话相当真切实在。而且很不幸而言中的是，汉朝的政治差不多就是从汉元帝开始走向下坡，开始衰败。因这一次的谈话，汉宣帝对这位太子留下了不好的印象，慢慢疏远他，而想改变主意把皇位传给另外一个儿子淮阳宪王。不过，后来又经过一番周折，元帝才保住了太子的权位。

我们看了这段历史，再看以后的历史，唐、宋、元、明、清都是儒家、道家、法家、纵横家、谋略家、王道、霸道杂用的拼盘，并不是绝对没有王道，那些治世帝王也照样讲究仁慈。最后，做得最精彩、有声有色而远超历代的，莫过于清初康熙、雍正、乾隆三代。所以清朝在前面一百多年的文事武功，都大有可观之处。至于宋儒如司马温公（光）、张南轩、欧阳永叔（修）等所标榜儒家政治的王道理想，说实在的，也只是承继传统儒家的思想，止于理想的领域而已。说不好听一点，也无非是推崇孔孟，而仍在臣道上自我陶醉一番而已。碰到精明如汉高祖、唐太宗之流，一定心里暗笑，觉得是尽入我彀中了。坦率暴露一点便如曹操，干脆叫明了。除非像宋太祖赵匡胤的宋代子孙们，可以听进去一半，相信一半。但对于宋朝的历史政权并无好处，毕竟还是未能达到统一。

其实孟子在《离娄》章也说过，"徒善不足以为政，徒法不能以自行"，一味仁慈，不能把国家政治做好；只讲法治，则连自己走路都走不通。换言之，偏听医师的话，饭也不敢吃；偏听律师的话，路也不敢走；偏听佛家的话，做人也不敢做了。

（选自《孟子与公孙丑》）

为什么年纪越大，权力越不肯放

亢龙有悔。

——《周易》

亢者，高也。亢龙就是飞到高空，很远很远的龙。悔，不是后悔，是毛病的意思。这是《易经》乾卦上九爻的爻辞。人的地位不要太高，高得没有办法再高了，便是最难处，等于做生意赚钱到某一个程度，赶快要放手。道理在哪里？放条路子给别人走走，不然有一天人家也会把你挤死的。

孔子的看法如何呢？

子曰："贵而无位，高而无民，贤人在下位而无辅，是以动而有悔也。"

人到了最高处的时候，便没的位置坐了，所以菩萨只好钉在壁头上。尧舜禹汤都是如此，没有位置，只有挂在墙壁上。高到最后，别人不敢跟你接近了，谁的话你都听不进去，下面便没有群众了。因此，人才遗落在下，而你的左右旁边，反而没有真正的人才，都是马屁虫，连君子也都变成马屁虫了。就这样可怕！所以"琼楼玉宇，高处不胜寒"，那是必然的。

记得我二十一岁便留了一撮胡子。那时唯恐自己不老，被人家叫一声"你们年轻人，你们小孩子"，心里便很难受、很不以为然。因为我从小就坐上位，上位坐惯了——"亢龙有悔"。现在恨不得常居下位。人到了这个时候，一点味道都没有了，笑话也不能讲，玩也没人玩。人千万不要把自己变成高位，要变成最平凡的才是最难得的。

就政治团体讲，这个乾卦在古代就代表帝王、代表领导者。一般称皇帝为九五之尊，即指乾卦的九五爻而言。因为九五爻在上卦之中，是最好的位置。到了太上皇就惨了！自古以来，政治权力就是一大问题。我们研究人类这种心理，年纪越大，权位越不肯放。等于有钱的家庭，有了财富，有了成就，到了年纪，说交给子孙，死都不干。

所以孔子研究人生的道理说：人在少年，戒之在色。到了中年，戒之在斗。到了晚年，戒之在得。"得"是什么都想抓住，尤其到了老年，觉得前头有限，后虑无穷，没的可靠的人！只想抓权力、抓金钱，这是很可怜的。我们历史上很多帝王就是这样。一个资本家不敢把财富、权位交给后代，也是这样。有些人权位没有到手以前，还蛮好，还很可爱，一到了手便像着魔了一样，六亲不认。这种地方大家要多做检省和修养。

此外，权位很难交下来的另一个原因，就是有权位的人，尤其到了年龄大的时候，总认为年轻人的经验不够、能力不够、思想不成熟，所以不敢放手，不敢把权位交下来。但是不敢交下来的后果也是很惨的，造成了历史上多少的悲剧。

唐明皇逃难到四川的路上，骑在马上，在蒙蒙细雨中，听到马铃铛的声音，那种凄凉味道，不是一般人所能想象的。唐明皇幸蜀，骑在马上自己在叹气，怎么会弄成这么个样子！当时高力士跟在旁边（高力士是个忠臣，是一个很好的宦官。大家不要被小说家骗了，高力士为李白脱靴，这是小事），听到了，说："皇上，这还不是怨你自己。"唐明皇问怎么说，高力士说："谁叫你用李林甫做宰相呢？"唐明皇一叹说："李林甫这个小子，我晓得他会搞成这个样子的。"高力士说："皇上，你也知道他坏？"唐明皇说："怎么不知道呢！"高力士说："他坏，为什么还要用他？"唐明皇说："哎呀！这你就不懂了。现在再找一个像李林甫那样坏的还找不到呢！"一句话说明了人才难求呀！我们看历史不懂，很多人看历史都不懂，人才最难，天下就是合意的人才难找。说到这里我们想到清朝有一位名士叫郑板桥，也是一位才子、一位高人。有一首诗写得很好，他说：

南内凄清西内荒，淡云秋树满宫墙。
由来百代名天子，不肯将身作上皇。

郑板桥为什么要写这首诗呢？因为他看到乾隆当了太上皇，有所感慨。第一，感慨乾隆很了不起，能够在自己老的时候，把皇位交下来给儿子。第二，他又为乾隆担心，当了太上皇那种境遇。虽然皇帝还是自己的儿子，但是权位交了以后，想喝口台湾的冻顶乌龙，几个月都喝不到。当皇帝的时候，要什么不到二十分钟就来了。为什么？情况不同了。是皇帝儿子不对吗？不是，中间捣乱的都是左右的人！所以说"南内凄清西内荒，淡云秋树满宫墙"。这里可以看到郑板桥的文学境界，淡云是一个人失势后那种冷漠凄凉的情况，秋天的树叶子落光了，唯有淡淡的枝影，那种冷漠、无助。下面一转，自古高明的皇帝宁可死在位子上。历史上有些当皇帝的，不肯把权位交出来，到死了以后，尸体臭了，蛆虫乱爬，尸腐水流，抬不出去的也很多。因为儿子们在争权夺位，抢当皇帝，常常把皇帝的尸体，任由蛆虫啮食，可见权位抢夺的可怕。不但皇帝如此，当董事长、大老板的也是一样。

有一位华侨很有钱，年纪也大了，一个朋友跟他说：先生，你的年龄那么大了，钱也那么多了，也应该休息休息了，还那么辛苦做什么？他说：就是因为我年龄大了，所以更要努力赚钱，不然我死了便不能再赚了。他那朋友只有苦笑。这也算是一种哲学。但他死后也是落得老婆儿子争财产、打官司，老人的后事却无人管。那些大老板有很多不能放手的理由，这也是其中最重要的原因。但是等到眼睛一闭，你放不放呢？不放也得放！但他眼睛没有闭以前，就是不放。他不愿意"亢龙有悔"。

不过中国从前的皇帝，也真有些是为人民办事，而不顾自己的。所以皇帝自称孤家寡人，那真是孤家寡人。我常常说，就是有机会我也绝不当皇帝！不要说当皇帝，连平常人年纪大了，也是孤家寡人一个。你想，两个老朋友正在那里说笑话，红色的、黄色的、绿色的……都可以说，但是你的后生晚辈年轻人一过来，你什么也不敢说了，不得不傲岸端庄，装出一副非常道貌的样子。这样年轻人自然也不敢靠拢来了，结果没有人跟你讲话，那真是孤家寡人了，尤其是读儒家书方方正正的老朋友们，奉劝各位以后要常跟年轻人跑跑，说说笑笑。不要将来变成孤家寡人的时候，大家看到了只向你敬礼，大家都敬而远之，永远不跟你亲近，那种味道才是"贵而无位，高而无民，贤人在下位而无辅，是以动而有悔也"。这是补充"亢龙有悔"的道理。

（选自《易经系传别讲》）

第七章

领导力的核心是用人

做任何事业之前，先学会看人

唐朝女皇帝武则天，女人当了皇帝，真正了不起。历史上讲她坏，攻击她私生活乱，但是武则天在政治作为上，有许多方面非常了不起，的确很难得，也很能够接受人家的建议。最后接受了狄仁杰的建议，不要搞下去了，你年纪大了退休吧，她就规规矩矩放下而退休了。慈禧太后就做不到，汉高祖的太太吕后也做不到，武则天做到了，提得起放得下，说不当皇帝就不当了。这一点就很不容易，尤其是女性很难的，女性到了年纪大时，什么东西都要抓，越想抓得紧，越是什么都抓不住，所以孔子说人年老"戒之在得"。

武则天有一天问她的同宗侄子宰相武三思，她说我们政府里头哪一个是好人啊？武三思讲老实话，他说跟我好的都是好人。武则天这位精明的女皇帝说，你这个是什么话？武三思说这个道理很简单，我假使不认识他，是好人我也不知道啊！而我认识的人，我认为是好人的，才肯与他多来往，所以我讲跟我好的都是好人。武则天说这个蛮有道理。是这个样子嘛！社会上好人多得很，可是机会不凑巧，我不认识嘛！我怎么知道哪个是好人啊！这个话蛮合逻辑。武三思本来在唐朝政治上是个坏的，奸臣之流，虽说是奸臣，有时候做一点事情也不同。所以说认人很难。

讲到观察人的道理，我们都知道看相算命，尤其现在很流行。中国人看相的历史很早，在春秋战国时就多得很。一般而言，中国人的看相自有一套，包括麻衣、柳庄、铁关刀，乃至现代意大利、日本人研究出来的手相学、掌纹学，许多新的东西都加上，也逃不出中国相法的范围。

但中国人还有另外一套看相的方法，叫"神相"或"心相"，这就深奥难懂了。"神相"不是根据"形态"看，而是看"神态"。"心相"则有几句名言，"有心无相，相由心变。有相无心，相随心转"。一个人思想转变了，形态就转变。譬如说一个人快发脾气了，怎么知道的呢？从他相上看出来的，他心里发脾气，神经就紧张，样子就变了。有人说，印堂很窄的人度量一定小，很宽就是度量大，印堂就是两个眉尖中间的距离，这是什么道理？有人天生的性格，稍遇不如意事，就皱眉头，慢慢地，印堂的肌肉就紧缩了，这是当然的道理。

还有人说露门牙的人往往短命，因为他露牙齿，睡觉的时候嘴巴闭不拢，呼吸时脏的东西进到体内，当然健康要出问题。还有很多这一类的道理，都是这样的。但是古人看相，很多人是知其然，不知其所以然。问他什么原因，他说"书上说的"，实际上这些东西是从经验中来的。

曾国藩的《冰鉴》所包含的看相理论，不同其他的相书。他说"功名看器宇，事业看精神，穷通看指甲，寿夭看脚踵，如要看条理，只在言语中"。

讲器宇，又麻烦了，这又讲到中国哲学了，与文学连起来的。"器"怎么解释呢？就是东西。"宇"是代表天体。"器宇"就是天体构造的形态，勉强可以如此解释。中国的事物，就是这样讨厌，像中国人说"这个人风度不坏"，吹过来的是"风"，衡量多宽多长就是"度"，至于一个人的"风度"是讲不出来的，是抽象的形容词，但是也很科学。譬如大庭广众之中，其中有一人很吸引大家的注意，这个人并不一定长得漂亮，表面上也无特别之处，但他使人心里的感觉与其他人就不同，这就叫"风度"。"功名看器宇"就是这个人有没有功名，要看他的风度。

"事业看精神"，这个当然，一个人精神不好，做一点事就累了，还会有什么事业前途呢？

"穷通看指甲"，一个人有没有前途看指甲，指甲又与人的前途有什么关系呢？绝对有关系。根据生理学，指甲是以钙质为主要成分，钙质不够，就是体力差，体力差就没有精神竞争。有些人指甲不像瓦形的，而是扁扁的，就知道这种人体质非常弱，多病。

"寿夭看脚踵"，命长不长，看他走路时的脚踵。我曾经有一个学生，走路时脚跟不点地，他果然短命。这种人第一是短命，第二是聪明浮躁，所以交代他的事，做得很快，但不踏实。

"如要看条理，只在言语中"，一个人思想如何，就看他说话是否有条理，这种看法是很科学的。

中国这套学问也叫"形名之学"，在魏晋时就流行了。有一部书《人物志》，大家不妨多读读它，会有用处的，是魏代刘劭著的，北魏刘昞所注，专门谈论人，换句话说就是"人"的科学。最近流行的人事管理、职业分类的科学，这些是从外国来的。而我们的《人物志》却更好，是真正的"人事管理""职业分类"，指出哪些人归哪一类。有些人是事业型的，有些人绝对不是事业型的，不要安排错了。有的人有学问不一定有才能，有些人有才能不一定有品德，有学问又有才能又有品德的人，是第一流的人，这种人才不多。

以前有一位老朋友，读书不多，但他从人生经验中得来几句话，蛮有意思，他说："上等人，有本事没有脾气；中等人，有本事也有脾气；末等人，没有本事而脾气却大。"这可以说是名言，也是他的学问。所以各位立身处世，就要知道，有的人有学问，往往会有脾气，就要对他容忍，用他的长处——学问，不计较他的短处——脾气。他发脾气不是对你有恶意，而是自己的毛病，本来也就是他的短处，与你何关？你要讲孝道，在君道上你要爱护他，尊重他。我有些学生，有时也大光其火，我不理他，后来他和我谈话，道歉一番，我便问他要谈的正题是什么。先不要发脾气，只谈正题，谈完了再让你发脾气，他就笑了。

第二部应该研究的书是什么呢？就是黄石公传给张良的《素书》，这一部书很难说确是伪书，但也的确是中国文化的结晶。对于为人处世及认识人物的道理，有很深的哲学见解，也可以说是看相的书。它并不是说眉毛长得如何，鼻子长得怎样，而是真正的相法。眉毛、鼻子、眼睛都不看的，大概只看这个人处世的态度和条理。

孟子也喜欢看相，不过他没有挂牌，他是注意人家的眼神，光明正大的人眼神一定很端正；喜欢向上看的人一定很傲慢；喜欢下看的人会动心思；喜欢斜视的人，至少他的心理上有问题。这是孟子看相的一科，也可说是看相中的"眼科"吧！

孔子观察人谈原则。他说："视其所以，观其所由，察其所安，人焉廋哉？人焉廋哉？"

"视其所以"，看他的目的是什么。

"观其所由"，知道他的来源、动机，以法理的观点来看，就是看他的犯意，刑法上某些案子是要有了犯意才算犯罪。过去中国人不大打官司，喜欢打官司的叫作讼棍。曾经有这样一个故事，有人被控用刀杀人，这是有罪的，要偿命的。有讼棍要被告一千两银子，包可无罪。被告为了保命，就是上当受骗，也只好出这一千两银子。而那个讼棍得了银子，将送出去的公文抽回来，将"用刀杀人"的"用"字，轻轻加了一笔，变成"甩"字，于是"甩"刀杀人，没有犯意，是无罪的。李陵《答苏武书》中所谓"刀笔之吏，弄其文墨"，从政的人都要了解这一点，公事办久了，从政久了，法律熟了，专门在笔杆上做功夫，害死人杀死人，比刀都厉害。

"察其所安"，再看看他平常做人是安于什么，能不能安于现实。譬如有些人就很难安，有一位七十多岁的朋友，已满头白发，读书人，学问蛮好。刚刚退休，太太过世了，在生活上打牌没有兴趣，书法好但没兴趣写字，本可看书，但是拿到书就想睡觉，躺下来又睡不着。因为他太无聊、寂寞，事事无兴趣，只好交了个女朋友，我劝他不必结婚了。他这种现象，就是老年人的无所安，心不能安，年轻人也一样，这是心理上的问题。一个人做学问修养，如果平常无所安顿，就大有问题。有些人有工作时，精神很好；没有工作时，就心不能安，可见安其心之难。

孔子以这三点观察人，所以他说"人焉廋哉？人焉廋哉"。

这个廋是有所逃避的意思。以这三个要点来观察人，就没什么可逃避的了。看任何一个人做人处世，他的目的何在，他的做法怎样。前者属思想，后面属行为。另外，再看他平常的涵养，他安于什么。有的安于逸乐，有的安于贫困，有的安于平淡。学问最难是平淡，安于平淡的人，什么事业都可以做，因为他不会被事业所困扰。这个话怎么说呢？安于平淡的人，今天发了财，他不会觉得自己钱多了而弄得睡不着觉；如果穷了，也不会觉得穷，不会感到钱对他的威胁。所以安心是最难。以这三点观人，放在《为政》篇中，就是知人励品的重点所在。

（选自《论语别裁》《列子臆说》）

要能办事的人，还是要懂事的人

（一）办事与懂事

老子所看到的春秋时代，正是开始衰乱的时期，乱象已蔚，人为之过。因此，他更进一层而深刻地指出，当时应病与药的"尚贤"偏方，其后果是有莫大的后遗症的。贤能的标准，千古难下定论。但是推崇贤者的结果，却会导致许多伪装的言行。当时各国诸侯，为了争地称霸，不惜任何代价网罗天下才能智士，凡是才智之士，便统称为"贤者"。而这一类的贤者愈多，则天下的乱源也就愈难弭平。所以他指出"不尚贤，使民不争"的主张。

不尚贤，使民不争；不贵难得之货，使民不为盗；不见可欲，使民心不乱。

是以圣人之治，虚其心，实其腹，弱其志，强其骨。常使民无知无欲，使夫智者不敢为也。为无为，则无不治。

暂时推开老子，介绍后世三则故事，便更容易明白老子立言的用意。

一是南宋名儒张南轩（栻）和宋孝宗的对答：

宋孝宗言："难得办事之臣。"右文殿修撰张栻对曰："陛下当求晓事之臣，不当求办事之臣。若但求办事之臣，则他日败陛下事者，未必非此人也。"

晓事，是唐宋时代的白话，也就是现代语"懂事"的意思。张南轩对宋孝宗建议，要起用懂事的人，并非只用能办事而不懂事的人，的确是语重心长的名言，也是领导、为政者所必须了解的重点。

一是明人冯梦龙自叙《古今谭概》所记：

昔富平孙冢宰（孙丕扬，富平人，字叔孝，嘉靖进士，拜吏部尚书，追谥恭介）在位日，诸进士谒请，齐往受教。孙曰："做官无大难事，只莫作怪。真名臣之言，岂唯做官乎！"

天下人才，贤士固然难得。贤而且能的人才，又具有高明晓事的智慧，不炫耀自己的所长，不标奇立异，针对危难的弊端，因势利导而致治平的大贤，实在难得。以诸葛亮之贤，一死即后继无人，永留遗憾。虽然魏延、李严也是人才，但诸葛亮就是怕他们多作怪，因此不敢重用，此为明证。

一是清末刘鹗在所著《老残游记》中记述的一则故事。为了一位久仰大名的清官，不惜亲自出京游览求证，但所得结果使他大失所望。因此他得一结论说："天下事误于奸慝者，十有三四。误于不通世故之君子者，十有六七。"这又是从另一角度描述贤而且能的人才难得。

对于这个问题，乾隆时代的监察御史熊学鹏，就张栻（南轩）对宋孝宗的问答，写了一篇更深入的论文，可以暂借作为结案：

臣谨按：张栻立言之心，非不甚善。而其所谓"不当求办事之臣"数语，则未能无过也。

天下有欲办事而不晓事者，固足以启纷扰之患。天下有虽晓事而不办事者，尤足以贻废弛之忧。

盖人臣敬事后食，见事欲其明，而任事更欲其勇；明而不勇，则是任事时，先无敬事之心，又安望其事之有济，且以奏厥成效哉。

况"敬事"二字，有正有伪，不可不于办事求之也。在老成慎重通达治体之人，其于一事之是非曲直，前后左右，无不筹划万全，而后举而行之。官民胥受其福。朝廷因赖其功，以为晓事，是诚无愧于晓事之名矣。

若夫自负才智，睥睨一世者，当其未得进用，亦尝举在廷之事业而权其轻重，酌其是非，每谓异日必当奋然有为。一旦身任其责，未几而观望之念生，未几而因循之念起，苟且迁就，漫无措置。

彼非不知事中之可否，而或有所惮而不敢发，或有所碍而不肯行，于是托晓事之说以自便其身家，而巧为文饰。

是人也，用之为小臣，在一邑则一邑之事因之而懈弛。在一郡，则一郡之事因之而阘茸。效奔走，则不能必其勇往而直前。司案牍，则不能必其综核而悉当。至用之为大臣，而其流弊更不可胜言矣。

夫大臣者，膺朝廷股肱心膂之寄，所当毅然以天下事为己责，与人君一德一心，以成泰交之盛者也。如不得实心办事之人，而但以敷衍塞责者，外示安静以为晓事，国家亦乌赖有是人为哉。

且以是人而当重任，任其相与附和者，必取疲懦软熟，平日再不敢直言正色之辈，而后引为同类，谬为荐扬，久而相习成风，率皆顽钝无耻，而士气因以扫地矣。

所以《易》曰："王臣蹇蹇，匪躬之故"，"夙夜匪懈，以事一人"。

夫为王臣，而至以匪躬自励，事一人，而必以凤夜自警，是岂徒晓事而不办事者所得与哉。

要之，事不外乎理。不审乎理之所当然，而妄逞意见，以事纷更者，乃生事之臣，究非办事之臣也。

所谓办事者，以其能办是事而不愧，则非不晓事之臣，明矣。

臣愚以为张栻恐宋孝宗误以生事之臣，为办事之臣，只当对曰：陛下固欲求办事之臣，更于办事之臣中，而求晓事之臣。则心足以晓事，而身足以办事。心与身皆为国用，于以共勤政治，庶乎其得人矣。

我们更进一层，便可知对于"选贤与能"的贤能标准，很难邃下定义。以道德作标准吗？以仁义作标准吗？或以才能作标准吗？无论如何，结果都会被坏人所利用，有了正面标准的建立，就有反面作伪模式的出现。所以古人说"一句合头语，千古系驴橛"。说一句话，一个道理，就好比你打了一个固定的桩在那里，以为拴宝贵东西所用，但用来用去用惯了，无论是驴或是鹰犬，也都可以拴挂上去，那是事所必至，理有固然。

实际上我们晓得，"尚贤""不尚贤"到底哪一样好，都不是关键所在。它的重点在于一个领导阶层，不管对政治也好，对教育或任何事，如果不特别标榜某一个标准，某一个典型，那么有才智的人，会依着自然的趋势发展，才能不足的人也就安安稳稳地过日子。倘使是标榜怎样做才是好人，大家为了争取这种做好人的目标，终至不择手段去争取那个好人的模式。如果用手段而去争到好人的模式，在争的过程中，反而使人事起了紊乱。所以，老子的"不尚贤，使民不争"并非是消极思想的讽刺。

（二）法家用法治领导社会

法家学说出于道家的支流，与老庄思想息息相通。法家最有名的韩非子提出一个理论，可以说是老子"不尚贤，使民不争"的引申发挥，但他提倡用法治领导社会，并不一定需要标榜圣贤道德的政治。他说："相爱者比周而相誉，相憎者朋党而相非，非誉交争，则主惑乱矣……家有常业，虽饥不饿；国有常法，虽危不亡。夫舍常法而从私意，则臣下饰于智能；臣下饰于智能，则法禁不立矣。"

他说，人类社会的心理很怪。彼此喜欢"比周"，大家在一起肩比肩（"比"字就好像一个人在前面走，我从后面跟上来。"比"字方向相反的话就成为"背"。你向这面走，我向那面走，便是"背道而驰"。懂了这个字的写法，便可了解后世称"朋比为奸"的意义。"周"是圈圈），彼此两三个人情投意合，就成为一个无形的小圈子。若有人问到自己的朋友："老张好吗？"就说："我那个朋友不得了，好得很。"如果有人说他朋友不好，就会与人吵起架来。相反地，对自己所讨厌的人，就会联合其他人予以攻击。

其实，人类社会对人与人之间的是非毁誉，很难有绝对的标准。站在领导地位的人，对于互相怨憎的诽谤和互相爱护的称誉，都要小心明辨，不可偏听而受其迷惑。如果先入为主，一落此偏差，则人主惑矣。

过去有人批评我们中国人和华侨社会说："两个中国人在一起，就有三派意见，由此可见中国民族性不团结的最大缺点。"我说这也不一定，只要是人类，两个人在一起就会有三派意见。譬如一对夫妻，有时就有几种不同意见，只是为情为爱的迁就，以致调和，或一方舍弃自我的意见。又例如一个大家庭里有许多兄弟姐妹，有时意气用事，互相争吵，实在难以确定谁是谁非，只可引用一个原则。凡是相争者，双方都早已有过错了。因此法家主张居领导地位的人，对左派右派之间的诽誉，只有依法专断，不受偏爱所惑，就算是秉公无私了。

韩非子由家庭现象，扩而充之，推及一个国家，便说：

"家有常业，虽饥不饿；国有常法，虽危不亡。夫舍常法而从私意，则臣下饰于智能；臣下饰于智能，则法禁不立矣。"这就是代表法家思想的一个关键，不特别标榜圣贤政治。他们认为人毕竟都是平常人，一律平等，应该以法治为根本才对。这种道理正是与老子的"不尚贤，使民不争"互为表里，相互衬托。由此可知，法家思想确实出于道家。

（三）法家的反面

前汉时代，崇拜道家学术的淮南子，提出了与法家主张相反的意见，如说："鸟穷则啄，兽穷则触，人穷则诈。峻刑严法，不可以禁奸。"这正如老子所说的"长短相形，高下相倾"，有正面就有反面。淮南子是道家，他以道家思想又反对法家，而法家原也出于道家，这是一个颇为有趣的问题。

淮南子说，鸟饿了抓不到虫吃的时候，看到木头，不管什么都啄来吃。野兽真的饿了，为了获得食物，管你是人或是别的什么都敢去碰。人到穷的时候，就想尽办法以谋生存，骗人也得要骗。韩非子说"国有常法，虽危不亡"，淮南子却说不见得，纵使法令非常严格，动不动就判死刑，然而众生业海，照样犯罪杀人，这就是"人穷志短，马瘦毛长"，没有办法的事。真到穷凶极恶的时候，就胡作非为，因此还是要以道德的感化，才能够使天下真正太平。

不管如何说，各家的思想都有专长。尤其在春秋战国，诸子百家的书籍多得不可计数，有着说不完的意见。著作之多，多到令人真想推开不看了。往往我们觉得自己有一点聪明，想的道理颇有独到之处。但是凑巧读到一本古书，脸就红了。因为自己想到的道理，古人已经说过，几千年前就有了，自己现在才想到，实在不足为贵。总之，像上面讨论的这些正反资料，在书中多得很。

再回过来讲老子的"不尚贤，使民不争"。此处之贤，是指何种贤人而说？真正所标榜的贤人，又贤到何种程度？很难有标准。不论孔孟学说或者老庄言论，各家所指的圣贤，要到达何种标准都很难确定。所以，属于道家一派的《抱朴子》说："白石似玉，奸佞似贤。"一方白色的好石头，晶莹剔透，看起来好像一块白玉。但就它的质地来看，不论硬度、密度都不够真玉的标准，实际上只是一种质地较好的石头而已，充其量只能叫它什么"石"，如"青田石""猫眼石"等。至于人也是如此，有时候大奸大恶的人，看起来却像个大好的贤人。所以贤与不贤很难鉴定。我们用这些观点来解释老子的"不尚贤，使民不争"，相信会更有帮助。

（四）临病对症的药方

老子往往将道的体相与作用，混合在一起讨论。而且在作用方面，所谓老庄的"道"，都是出世的修道和入世的行道，相互掺杂，应用无方，妙用无穷，甚至妙不可言。所以，读老庄如读《孙子兵法》，所谓"运用之妙，在乎一心"。要想把《老子》的内涵完全表达出来是很费事的，尤其在入世应用之道方面，常常牵涉到许多历史哲学，利用史实加以选择，透过超越事实的表面层，寻求接近形而上道理的讨论。这在一般学府中应该属于一门专门课程，但是许多地方，牵涉到历史事实的时候，就很难畅所欲言。

几年前，社会上发起一个"敬老会"，对老人，表扬其年高德劭。第一次举办时，我就发现，这简直是在玩弄老人，为老人早点送终的办法。叫年纪那么大的老人坐在那儿听训、领奖，还要带去各地游览。实际上，对于老人是一种辛苦的负担，我想那些老人可能累坏了，而且更因为这种风气一开，就有许多人也不免想进入被"敬老"的行列，这样就变成有所争了。岂不见老子说"不见可欲，使民心不乱"吗？又如，我们标榜好人，让好人受奖，开始动机没有什么不对，但形成风气后，社会上就有人想办法去争取表扬，那么表扬好人的原意也就变质了。我每年也接到推荐好人好事的公文，但我看来好人好事太多，推荐谁去好呢？而且征求一下，大家只对我一笑，摇摇头，摆摆手，谁也不肯接受推荐。我常常笑着说：有两个好人，我想推荐，可惜一个已经死了，一个还未投生。大概我还勉强像小半个好人，只是我也同大家一样，讨厌人家推荐我，更怕自己推荐自己。还是相应不理，让贤去吧。

如果单从用人行政的立场来讲贤与不肖、君子与小人、忠与奸，清初名臣孙嘉淦的"三习一弊"奏疏中，已经讲得相当透彻了！其中如说：

夫进君子而退小人，岂独三代以上知之哉！虽叔季之世（衰乱的末代时势）临政愿治，孰不思用君子？且自智之君（自信为很高明的领袖们），各贤其臣（各人都认为自己所选拔的干部是贤者）。孰不以为吾所用者必君子，而决非小人？乃卒于小人进而君子退者，无他，用才而不用德故也。

德者，君子之所独。才则小人与君子共之，而且胜焉。语言奏对，君子讷而小人佞谀，则与耳习投矣。奔走周旋，君子拙而小人便辟，则与目习投矣。即课事（工作的考核）考劳（勤惰的审查），君子孤行其意而耻于言功，小人巧于迎合而工于显勤，则与心习又投矣。

小人扶其所长以善投，人君溺于所习而不觉。审听之而其言入耳，谛观之而其貌悦目，历试之而其才称乎心也。于是乎小人不约而自合，君子不逐而自离。夫至于小人合而君子离，其患岂可胜言哉！

从表面看来，这种思想的反动并非完全不对。例如老子的"不贵难得之货，使民不为盗；不见可欲，使民心不乱"等告诫，便是铁证如山，不可否认。而且由秦汉以后，历代帝王政权几乎都奉为圭臬，一直信守不渝。其实，大家都忘记了，如老子的这些说法，都是当时临病对症的药方，等于某一时期流行了哪种病症，时医就对症处方，构成病案。不幸后世的医生，不再研究医理病理，不问病源所在，只是照方抓药，死活全靠病人自己的命运。因此，便变成"单方气死名医"的因医致病了！

我们至少必须要了解自春秋、战国以来的历史社会，由周代初期所建立的文治政权，已经由于时代的迭更，人口的增加，公室社会的畸形膨胀，早已鞭长莫及，虚有其表了。这个时期，也正如太公望所说的"取天下者若逐野鹿，而天下共分其肉"。一般强权胜于公理的诸侯，个个想要称王称帝，达到独霸天下的目的，只顾政治权力上的斗争，财货取予的自恣，谁又管得了什么经纶天下、长治久安的真正策略。

因此，如老子他们针对这种自私自利的心理病态、社会病态，便说出"不尚贤，使民不争；不贵难得之货，使民不为盗；不见可欲，使民心不乱"的近似讽刺的名言。后来虽然变成犹如医药上的单方，但运用方伎的恰当与否，须由大政治家而兼哲学家的临机应变，对症抓药。至于一味地盲目信守成方，吃错了药，医错了病的责任，完全与药方药物无关。

学老子的汉文帝绝对没有错，但是后代有些假冒伪善，画虎不成反类犬的帝王，却错学了汉文帝。例如以欺诈起家，取天下于孤儿寡妇之手的晋武帝司马炎，在他篡位当上晋朝开国皇帝的第四年，有一位拍错马屁的太医司马程，特别精心设计，用精工绝巧的手工艺，制作了一件"雉头裘"，奉献上去。司马炎便立刻把它在殿前烧了，并且下了诏书，认为"奇技、异服，典礼（传统文化的精神）所禁"，敕令内外臣民，敢有再犯此禁令的便是犯法有罪。读中国的历史，姑且不论司马氏的天下是好是坏，以及对司马炎的个人道德和政治行为又做什么评价，但历来对奇技淫巧、精密工业以及科技发展的严禁，大体上都是效法司马炎这一道命令的精神。因此便使中国的学术思想，在工商科技发展上驻足不前，永远停留在靠天吃饭的农业社会的形态上。

总之，在我们的历史上，自战国以下，科技的发展，都被"奇技淫巧，典礼所禁"这个观念所扼杀，那也是事实。

而这个观念，是否受老子的"不贵难得之货，使民不为盗"思想所影响，却很难肯定。老子所指的"难得之货"正如吕不韦思想中的"奇货可居"的大货。换言之，它的内涵，多半是指天下国家的名器——权力，并非狭小到像他自己——老子一样，只愿意骑上一头青牛过函谷关，绝不肯坐大马车去西渡流沙。

（选自《老子他说》）

真正高明的领导，不会玩弄他人

民不畏威，则大威至。无狎其所居，无厌其所生。夫唯不厌，是以不厌。是以圣人自知不自见，自爱不自贵。故去彼取此。

——《老子》

"厌"字，现代的解释是"讨厌"之"厌"。可是，古文有时候是借用，作为"压迫"的"压"字解。一般人并不怕政治的权威，政治到达最高的成就时，就是天下太平盛世；当道德的政治达到不需要威权的时候，人们会自动自发呈现出道德，不需要刑法。道德的政治，做到没有任何形象上的威严时，才是真正的威严。当然，这要靠每人自动地遵守道德规范，而不是依靠外在刑法的管制。"狎"是玩弄的意思，"居"字真正的意思是人们共同生活居住的社会。"无狎其所居"这句话，就是真正高明的政治，是不玩弄人，更不会愚弄社会，也就是后世所讲"玩人丧德，玩物丧志"的道理。人不可自以为高明而去玩弄人、玩弄天下而丧失道德。贪图物质享受的人"玩物丧志"，自己的情操会堕落。"无狎其所居"也是这个道理。"无厌其所生"是不要压迫人，上天有好生之德，人类的道德能持续发展，一切自然生生不息。"夫唯不厌，是以不厌"，前面的"厌"字应念成"压"，可是不能死啃文字。因为你不施加压力给社会人民，所以人民自己也不感受压迫，自然会好好地活下去，活得很快乐。我们看动物世界，只要合于天时地利，那些动物自然就活得很好。

"是以圣人自知不自见，自爱不自贵。故去彼取此"，这是讲一个道德领导的哲学，也就是我们自己的道德哲学。人要能够自知，要有自知之明，老子在第三十三章讲过"智"与"明"两个字，就是"知人者智"，能了解别人，那是聪明智慧；"自知者明"，了解自己的才算明。天下明白人很难找，真正的明白人，就是能够了解自己，但是人永远不了解自己。所以说，只有圣人才能自知，不自欺，没有主观的成见，达到无我的境界。圣人也能够做到自爱、自重，能够尊重自己，才能够尊重别人，也才能够爱人。但是圣人"不自贵"，自己不认为高贵，不像一般人有了学问、有了地位、有了钱，就认为自己了不起，那就完了。那是彻底的凡夫，平凡的人。真正的自知自爱不自贵，就是能舍弃了自贵自见，那才是圣人之道。

（选自《老子他说》）

不要期待每一个下属都是圣贤

子曰："从我于陈、蔡者，皆不及门也。"德行：颜渊，闵子骞，冉伯牛，仲弓；言语：宰我，子贡；政事：冉有，季路；文学：子游，子夏。

孔子被困在陈蔡之间，是历史上有名的故事。这时候他的处境很困难，而所带领的一些学生都不离散，大家围绕着他，团结在一起。他晚年时感叹说，当时随我在陈蔡之间一起蒙难的学生，现在都不在了。这是他怀念故旧之情。当时跟着他的这些学生，都在某方面有特出的成就，也是孔子门下最有名的几个。在品德方面最好的，有颜渊、闵子骞、冉伯牛、仲弓这四个人；在言语方面，当然不是现在的语文系，而是擅长说话的，有宰我、子贡两个人；政事则有冉有和季路；文学是子游和子夏。这四种人和孔子所说的"志于道，据于德，依于仁，游于艺"等配合起来，就看得很清楚了。一个人的成就，各有专长，全才很少。就以孔子的学生来说，德行好的人并不一定能够做事。我们观察人才，尤其在学生里可以看出来，有些学生品德非常好，但是绝不能叫他办事，一办就糟。所以做领导人的要注意，自己不能偏爱，老实的人，人人都喜欢，但不一定能够做事，有才具的人能办事，但不能要求他德行也好。

所以过去中国帝王，用人唯才，尤其处乱世，拨乱反正的时候，要用才，只好不管德行。我们知道，曹操下一道征求人才的命令，也是历史上有名的文献。他说，不问是偷鸡摸狗的，只要对我有帮助，都可以来投效。只有曹操有胆子下这样的命令，后世的人不敢这样明说，可都是这样做。汉高祖只有张良、萧何、陈平三杰帮他平定天下，其中陈平为他六出奇计，在当时只有他和陈平两个人知道。汉高祖和项羽作战，要陈平对项羽做情报工作，而且用反间计，给了陈平五十镒黄金做经费。有人向汉高祖挑拨，说陈平盗嫂，最靠不住。汉高祖听进去了，在陈平出去办事之前，来辞行请示的时候，提起盗嫂的事。陈平听了，立即把黄金退还汉高祖，表示不去了。他说，你要我办的是国家大事，我盗不盗嫂和你国家大事有什么关系？实际上陈平根本没有哥哥，当然没有嫂嫂，而是别人捏造的，但是他不去辩白这一套，这就是有才干之人的态度。汉高祖非常聪明，马上表示歉意，仍然请陈平去完成任务，这也是英明之处。有些人则会因小失大，往往因为小事误了大事。

后来还有一个文学上有名的故事——张敞画眉。汉宣帝也是了不起的皇帝，张敞是当时的才子，后来成了名臣。他和太太感情很好，因为太太幼时受伤，眉角有了缺点，所以他每天要替太太画眉后才去上班，于是有人把这事告诉汉宣帝。一次，汉宣帝在朝廷中当着很多大臣对张敞问起这件事。张敞就说："闺房之乐，有甚于画眉者。"夫妇之间，闺房之中，还有比画眉更过头的玩乐事情，你只要问我国家大事做好没有，我替太太画不画眉，你管它干什么？

　　所以，读书读历史，就是懂得人情，懂得做人做事。有时候一些主管，对部属管得太琐碎了，好像要求每一个人都要当圣贤，但办事的人不一定能当圣贤。我们在孔子的弟子中看到，德行有成就的人，言语不一定成功，而言语上有成就的，如宰我、子贡，德行上未必有颜回那么标准。政治有成就的人，气度又与有德行的人不同。文学好，文章写得好，更不要问了。千古以来，文士风流。历史上文人牢骚最大，皇帝们赏赐几个宫女，找几个漂亮太太给他，多给他一点钱，官位高一点，他就没有时间牢骚了。这都是说人才的难求全，但历史上也并不是没有全才，不过，德行、言语、政事、文学都好的，实在少见。

（选自《论语别裁》）

如何应对拒不合作的高人

　　研究中国哲学史、文化史，要特别注意所谓隐士，这是中国文化从上古就有的一种特殊人物。青年同学研究中国文化，对于这个问题，应该密切注意。过去一百多年来，好像所有著作都没有提到这一方面，甚至于忽略，乃至说不了解。有一位同学依这个观念写博士论文，写了六年还没有完成，因为资料找不全，很痛苦。

　　隐士是后世的通称，汉代称为"高士"，宋朝叫作"处士"，清朝也叫"处士"。所谓隐士，第一，都是学问特别好的有道之士，认为人的生命不是究竟，否定世间的一切。第二，没有个人的欲望希求。这些人学问好、道德好，可是都跑去当隐士，永远不出来。所以庄子说他们"天子不能臣，诸侯不能友"。连皇帝请他出来做臣子都不肯，各国诸侯想与他做朋友也做不到。

　　中国文化对隐士思想的推崇极为高远，这是代表文化精神的一个招牌。我们要了解，道家思想形成了隐士学派，在三千年来二十六代历史上，占了非常重要的位子，扮演着很重要的角色。可以说几千年来，对中国文化影响最大的并不是孔孟，也不是老庄，而是隐士，他们是操持中国文化的幕后主角，在国家时势危急的时候出现，拨乱反正，济世救人；等到天下太平，有许多连名都不留就走了。

自古以来真正彻底的隐士，我们已经无法确实得知他们的事迹。只有道家，搜罗一部分，假托一部分，归入若隐若现的神仙传记里去了。至于我们熟悉的历史人物，如许由、巢父、伊尹、傅说、姜尚、鬼谷子、黄石公、张良、司马德操、陈抟、周颠等，只能算是"半隐士"。就是说，他们的生平，或者在前，或者在后，过的是隐士生活，其余半截的生活，就出山入世，参与现实社会，和实际政治有了牵连。

关于真正彻底的隐士和"半隐士"，宋代诗人陆放翁的一首诗可作为恰当的说明。"志士山栖恨不深，人知已是负初心，不须先说严光辈，直自巢由错到今。"他认为，真正的隐士，入山唯恐不深，避世唯恐不远，而被人知道、出了名的隐士，已经辜负当初逃隐的动机，姑且不说别有用意的严子陵，就是许由、巢父他们，被人发现了踪迹，有了"高尚其志"的隐士声名，也早就错到底了。

何以证明隐士思想对于历史文化有那么重要的影响呢？我们从三代以来，唐尧想禅位于许由的历史故事，一路看下来，都可以找到资料。

像汉高祖刘邦当了皇帝以后，因为他爱的妃子是戚姬，所以想把太子从吕后的儿子换成戚姬的儿子如意。吕后去找张良想办法，张良说，没有办法，除非把商山四皓请下来，做太子的老师。汉高祖一看，商山四皓，那是高人耶！我都请不动，竟然被太子请来了！太子不能换了，将来的皇帝位子他是坐稳了的。汉高祖这么样的英雄，还受了这些老头子摆布，为什么呢？难道汉高祖流氓的态度，真怕这几个老头子武功高吗？不是这个道理，这是隐士思想最大力量的缘故。以西方政治哲学来说，隐士就是不同意主义者；隐士思想，不是反对，但也不是赞成，只站在旁边看，照民主政治的说法，就是始终保留自己的一票不投。

中国的隐士在历代政权上始终保留有否决权的一票，历代帝王就怕这一面。一直到清兵入关，康熙都想尽办法收罗这些不同意派的人。康雍乾三代一百年之内，开了几次博学鸿词科，不要考试而请来这些人物。有些隐士不满意清政权的，最后都被康熙、乾隆挖出来了。后来袁世凯要当皇帝，也受了这个思想的严重打击。当时南通的状元张謇，是袁世凯的老师，也是不同意的，可见这样的力量也就是文化的精神，始终在这个民族里起着巨大的作用，为大政治的人，这个道理应该要了解。

商山四皓虽然没有做到真正道家所说的"被褐怀玉"，但影响了汉代早期整个的政治决策。又像东汉的严子陵等也是一样。其实历代都有很多这样的人，他们外表上都做到了老子这一句"被褐怀玉"，甚至于民间流行的济公活佛也是如此。济癫和尚被许多庙主赶出来，衣裤鞋子都穿不上，最后没有办法，只好去吃肉包子喝酒去了，他也是"被褐怀玉""外示狂夫"。所以，在表面上，儒家与道家影响了中国文化，但隐士思想的影响更为严重，因为他们的学问都是帝王师的修养。

（选自《庄子諵譁》《老子他说》《禅宗与道家》）

如何应对下属的欺骗

魏文帝问王朗等曰:"昔子产治郑,人不能欺;子贱治单父,人不忍欺;西门豹治邺,人不敢欺。三子之才,与君德孰优?"

——《长短经》

魏文帝曹丕问大臣王朗等:根据历史记载,春秋战国时郑国的大臣子产,能够不受部下和老百姓的欺骗;孔子的学生子贱治单父的时候,受他道德的感化,一般人不忍心骗他;而西门豹治邺都的时候,一般人不敢骗他。不能骗、不忍骗、不敢骗,三个不同的反应,在今天看来你认为哪一种好?

对曰:"君任德,则臣感义而不忍欺。君任察,则臣畏觉而不能欺。君任刑,则臣畏罪而不敢欺。任德、感义与夫导德、齐礼、有耻且格等趋者也。任察、畏罪与夫导政、齐刑、免而无耻同归者也。优劣之悬,在于权衡,非徒钧铢之觉也。"

这是王朗的答复，首先解释不忍欺的道理，就是孔子的学生子贱治单父的事情。王朗说，上面的领导人本身有德，一切依德而行，能够真爱人、真敬事，一般部下和老百姓，都感激他的恩义，不忍心骗他。

其次听到领导人任察，所谓"察察为明"，什么事都看得很清楚。如近代历史上清朝的雍正皇帝，刚开始上台的时候，一个大臣晚上在家里和姨太太们打牌，第二天上朝，雍正就问他昨天夜里在干什么，这位大臣回答昨夜没事，在家里打牌。雍正听了，认为他说话很老实，很高兴地笑了，并且送了他一个小纸包，吩咐他回去再打开来看。这位大臣回到家里打开纸包一看，正是昨夜收牌时所少掉而到处找不到的那一张，不知道怎么到了皇帝的口袋，说明雍正早已知道他昨夜是在打牌，如果当时撒谎，说在处理公事，拟计划，写报告，那就糟了。这在雍正，就是察察为明，偶然用一下则可，但是不能常用，常用总不大好。

这样以"察察为明"的作为，便是使人不能欺的作风。所以做领导人的，明明知道下面的人说了一句谎话，也许他是无心的，硬要把他揭穿，也没有道理，有时候装傻就算了。再其次说到不敢欺，上面的法令太多，一犯了过错，重则杀头，轻则记过，完全靠刑罚、法规来管理的话，那么一般部下怕犯法，就不敢欺骗了，这样在行政上反而是反效果。下面的人都照法规办理，不用头脑，明知道法规没有道理，也绝对不变通处理，只求自保，那就更糟了。

尽忠不能只做单方面的要求，如果上面领导得不对，下面也不可能忠心的，所以王朗在这里引申，要上位者有真正的道德，下面自然感激思义，这和《论语·为政》所说的"道之以政，齐之以刑，民免而无耻；道之以德，齐之以礼，有耻且格"意思一样。任德感义的，同"道之以德，齐之以礼，有耻且格"一样，可以达到最高的政治目的。

假使靠察察为明，使下面的人怕做错，成为风气，就与孔子所说"道之以政，齐之以刑，民免而无耻"的结果相同。就是说不要认为拿政治体制来领导人，拿法令来管理人，就是很好的政治。法令越多，矛盾越多，一般人就在法令的空隙中逃避了责任，而且自认为很高明，在内心上无所惭愧。他最后说，这两种情形之下，好坏悬殊，主要的还是在于领导人自己的权衡，像天平一样，不能一头低一头高，要持平。但一个领导人、大干部，决定大事的时候，不能斤斤计较小的地方。

（选自《历史的经验》）

对待人才的七种方法

桓范是南北朝时代的人，他的著作中有一篇文章题为《世要论》，属于纵横术中的一部分，也是人臣的学问，所以讲中国文化，我觉得尤其在这个拨乱反正的时代，统一中国的今天，这一部分很重要。这个时代，不是完全讲四书五经，坐以论道的时候。当然我们需要以道德为中心，但是要知道做法，而这些做法多得很，可惜现在外面一般人都不研究。在《长短经》里，赵蕤就引据了《世要论》的话，应认清楚干部。

（一）不会讲话的人才，恕之以直

臣有辞拙而意工，言逆而事顺，可不恕之以直乎？

有些干部不会讲话，讲出来不好听，可是当主管的要注意，他嘴巴笨讲不出来，而他的主意可好得很，不要对那个嘴巴笨的干部火大而不去听，这就错了。有些人一肚子好主意，可是嘴笨讲不好，而且他讲出来的话，好像比毒药都难吞下去，让人听了难受得很，开口就是"不行！不行"，可是他的意见对事情非常有利，这就要领导人有高度的修养，对这种干部要了解清楚，要有体谅人的修养，了解他虽然不会讲话，心是好的，也是直的。

（二）朴实但聪敏的人才，恕之以质

臣有朴骏而辞讷，外疏而内敏，可不恕之以质乎？

天生人物，各个气质不同，禀赋不一样，有种人朴实得好像永远是乡巴佬的样子，有一点近乎十三点的样子，但不是十三点，大约只是十二点半。想想他真可爱，很朴实，但有时做人又多了那么半点憨态，但不是坏事，讲话嘟嘟囔囔讲不清楚。这样的人，看他的外表没有什么了不起，而脑子里聪敏得很。当主管的人，对于这种人，就要了解他本质淳朴、聪敏的一面。

（三）可以临危授命的人才，恕之以忠

臣有犯难以为上，离谤以为国，可不恕之以忠乎？

这一句话所指的，在历史上的故事也很多，就是冒险犯难，临危授命，拨乱反正的人才。如现代史上，第二次世界大战初，希特勒横征欧非，把世界扰乱得那么严重的时候，英国人最初对丘吉尔不敢任用，因为丘吉尔是有名的流氓作风，闹事专家，但是最后抵抗希特勒，还是靠他，实际上丘吉尔就是"犯难以为上"的人。有些人天生的个性，喜欢冒险犯难。越困难就越有兴趣去干，教他做平平实实、规规矩矩的公务员，办没有什么大困难的事，他懒得干。"离谤以为国"，为了国家，可以忍受一切的毁谤，大家都攻击他，他也不管。历史上唐、宋、元、明、清历代开国的时候，都有这样的人物。像有许多人，被派到前方去艰苦中作战，后方还有人向上面密报，说他的坏话。有些精明的皇帝，接到这种报告，连看都不看，原封不动的，加一个密封，寄到前方去给他自己看，也就表示对他信任，恕之以忠。

（四）违背众意的人才，恕之以公

　　臣有守正以逆众意，执法而违私欲，可不恕之以公乎？

　　许多人非常公正廉明，但有时候公正廉明却受到群众强烈的反击。像当年在成都开马路的时候，就发生这种事，当时群众认为破坏了风水，大家反对，地方的势力很大，所谓五老七贤，出来讲话，硬是不准开。某将军没有办法，请五老七贤来吃饭，这边在杯酒联欢吃饭的时候，那边已经派兵把他们的房子一角拆掉了，等五老七贤回家，已经是既成事实。随便大家怎么骂法，而事情还是做了。等到后来马路修成了，连瞎子都说，有了马路走路都不用拐棍了。天下事情，有时要改变是很难的。有时必须守正以逆众意，违反大众的意思坚持正确的政策。要有这个担当。这就要谅解他这样是为了长远的公利，也有的时候，在执法上违反了自己的私欲，宁可自己忍痛牺牲，这都是难能可贵的。

（五）个性倔强的人才，恕之以直

臣有不屈己以求合，不祸世以取名，可不恕之以直乎？

有些人的个性倔强，要想教他委屈他自己的道德准则，违反他的思想意志，而去迎合某一件事，他死也不干。还有一种"不祸世以取名"，这也是很难的，几十年来现实的人生经验，很少看到这种人。如果做一件事，马上可以出名，个人可以成功，可是，结果将会为后世留下祸根，那么他宁可不要成这个名，而不做这种事。要了解这种人是直道而行的操守。

（六）易被埋没的底层人才，恕之以难

臣有从仄陋而进显言，由卑贱而陈国事，可不恕之以难乎？

有些人地位很低，可是他有见地，古今中外，这样被埋没的人很多。往往这类人提建议时，中间阶层的人说他越级报告，非把他开革了不可。实际上有的人路子很窄，地位也不高，也没有名声，但能进贤言，有很好的意见提供给领导人。虽然他的地位很低，是一个很普通的人，而所提的意见，都是忠心为国。对于这种人，做领导人的要注意，这是难能可贵的。

（七）个性孤僻独特的人才，恕之以劲

臣有孤特而执节，介立而见毁，可不恕之以劲乎？

这个"劲"就是"节"，古代往往两个字连起来，"劲节"成为一个名词。每以竹子来象征，因为竹子是虚心的、笔挺的，

有些人个性孤僻，不喜欢与同事、朋友多往来，有特殊个性与才能。大约有特别长处的人，都有特别的个性，看来很孤僻，这种人也有他的操守，不随便苟同，超然而独立，可是这种人，容易遭到毁谤，当主管的就要了解这种人是有特别节操的。

　　此七恕者，所以进善也。

　　前面曾经说了有六种正派一面的干部，这里就说到，当主管做领导人的，要对部下了解、体谅的七个恕道。换言之，做主管的如果不具备这七种恕道，就不能得到这六正的干部。这点我们要注意了。人们常说历史上的人才多，现在的人才少，并不尽然。正如曾国藩以及历代许多名臣都说，每个时代到处都有人才，第一在自己能不能赏识，第二在自己能不能培养。即使是人才，也还要加以培养。没有好的环境和有利的条件，才干发挥不出来，人才也没有用。所以六正与七恕，是君臣两面共修之道。

　　　　　　　　　　　　　　　　　（选自《历史的经验》）

九种防邪之道

下面也是赵蕤在《长短经》里对桓范《世要论》的引述，一个领导人在防恶上，应该注意考虑到九种原则、九个顾虑，也是人物的分类。

读书千万不要被书所困，一切的运用全在自己。像这一类的书读多了以后，等于医学的常识丰富了以后，连一杯水都不敢喝，生怕有传染病；法律学多了以后，连一步路都不敢走，动辄怕犯法。而对于"九虑"这些东西看多了，连朋友都不敢交了。其实只要我们把握了大原则，相信多数人，不伤任何人，爱护所有人，凡事但求心安就好了。

（一）识别真正险诈之人，虑之以诈

> 臣有立小忠以售大不忠，效小信以成大不信，可不虑之以诈乎？

有些人小事忠得很，但他是借此达到另外一个大不忠的目的。有些人小信一定好，而他是要完成他的大不信。所以要顾虑到，是不是真正的险诈。不过话又说回来，从历史与人生的经验上看，有许多人有本事，也是做小事一定尽忠，绝不是诈，并没有存心骗人，也不是出于什么大的反叛目的，这样做了多少年，可是一把他放到大的职位上去就完了，他就不忠了。于是别人说此人施诈。但我的看法不同，这是主管对于人才的看法没有深切地了解。这种人在小位置上忠心，到了大位置上并不是不忠心，而是受环境的影响，于是变坏了。这不是他诈不诈的问题，而是他这材料不够坐那个大位置，等于很好的小吃馆子，如果要它办酒席大菜就完了。还有就是年龄的关系，这就是孔子的话，人老了"戒之在得"，年老了样样想抓，这个"得"字就出了毛病。这不能说他在年轻时的作风就是假的，因为年轻人不在乎，觉得自己还有前途，来日方长，有的是机会，所以就不至于贪得。年纪大了的人，觉得在世的日子短了，先弄一点到手吧，这一来就完了。这就是心理的问题。讲修养，就是要把这种心理变化过来，能有这个气质的变化，这才是真本事、真修养，这也并不容易。所以关于这一点，我对于古人的这个观点，还是不同意，因为它讲的是道理，没有研究人的心理。人的心理，是跟着空间、时间在变更的。一个人真能修养到自己的心理、思想，不受环境的影响，不因空间、时间的变动而跟着变动，才称得上是第一等人。但是世界上的人都做了第一等人，那第二等人谁去做呢？

（二）辨认表里不一之人，虑之以虚

> 臣有貌厉而内荏，色取仁而行违，可不虑之以虚乎？

这是说有些干部在外表上看，脾气很大，冲劲也很大，可是内在没有真胆识；有些人在态度上看起来非常仁义，而真正的行为，却与仁义相违背，就是说有的人在平日看起来是颇仁义的，但是真到了义利之间的关键头上，要做一决定时，他就变得不对了。所以当主管的人，对干部的看法、考核，要顾虑到是不是表里如一，脚踏实地。

（三）注意那些善妒之人，虑之以嫉

> 臣有害同侪以专朝，塞下情以壅上，可不虑之以嫉乎？

这个情形很多的，人类嫉妒的心理是天生的，一般人所谓的吃醋，好像男女之间相爱，女性的妒忌心特别容易表现，所以一般都说女性醋劲最大，其实男性吃醋比女性更厉害，而且不限于男女之间，男性往往发展到人事方面，诸如名利之争、权势之争等。譬如有些人名气大了，就会有人吃醋，有的人文章写得好了，就会有人吃醋了，字写得好了也吃醋。乃至于衣服穿得好了，别人也会吃醋，甚至两人根本不认识，也吃醋。这是什么道理？这是高度的哲学和心理学，嫉妒是人与生俱有的劣根性。

不论做领导的人，或者做干部的人，对于这些都要知道的。人的心理，有这个毛病，有些人喜欢打击同事，自己专权，于是挡住了下面的情形，同时使下面也不了解上面的意思。这都是出于妒忌心理，才发生了这些情形。所以当一个领导的，听到干部当中甲说乙的话，乙说甲的话，都不能偏听，而要尽量客观，要注意他们之间是不是有妒忌的心理。

（四）清楚谁在挑拨害人，虑之以谗

> 臣有进邪说以乱是，因似然以伤贤，可不虑之以谗乎？

挑拨、说坏话、害人的话就是谗言。这是古今中外一例的，譬如一个文人，尤其是学哲学、学逻辑的人，经常容易犯这个错误。逻辑学好了以后，非常会辩理，怎么样都说得对，死的可以说成活的，在理论上、逻辑上绝对通，但事实上不一定对。所以有些干部，能言善道，很有文才，很有思想，专门发表邪说。这段文字上看"邪说"两字，定在这里，明明白白，看起来很清楚，如果我们做了主管的时候，干部讲邪说，不一定写文章，对于某件事情，他轻轻一句话，就听进去了，中了他的邪说，乱了真理，他用一种好像是对的道理，而伤害了好人。所以当领导的，就要顾虑到，是不是有谗言的作用。

（五）提防卖弄恩情之人，虑之以奸

> 臣有因赏以偿恩，因罚以作威，可不虑之以奸乎？

有些专权的人，他对他的部下有赏赐，并不是公正的赏，而是自己与受赏的人有关系，故意卖恩情给对方。譬如小的单位主管，有考核权的，对于自己喜欢的人，就多给他分数，对于所讨厌的人，尽管他有本事、有功绩，还是设法扣他的分数。"因罚以作威"，以示权威。赏罚基于私心，这一类，就是好佞之人，不公正。

（六）严禁欺君罔上之人，虑之以欺

臣有外显相荐，内阴相除，谋事效公而实挟私，可不虑之以欺乎？

这种事情就很严重了，我们从历史上的政治中，常常可以看到，有些干部明明内心想要害某人，而表面上说某人的好话，但暗暗地把某人搞垮。谋事则冠冕堂皇，托之于公事上，实际上则挟有了私意，手段非常高明，这就是欺，古代所谓欺君罔上。我们看历史，这种悲惨的故事实在不胜枚举。

（七）灵活应对攀附之人，虑之以伪

臣有事左右以求进，托重臣以自结，可不虑之以伪乎？

有些人，是靠领导人旁边最亲信的人，专走这个门路，服侍他们，搞得很好，由他们影响领导人，达到自己的目的。或者是找在领导人面前分量最重、言听计从的人，托他们的力量，结交他们，以巩固自己的权力与地位，这都是伪。

不过这种事，有时也很难定论，要看各人的运用。以近代史看，曾国藩、胡林翼就是走的这个路子，这是历史上的两段秘密，当然正史上没有记载，而这种野史的记载，是真是假，暂且不去管它。

据说，清咸丰皇帝，所以知道曾国藩的大名，在太平天国一起来的时候，就教曾国藩在湖南练湘军，是因为咸丰早就对他有了印象。最初曾国藩在京里做官的时候，是在礼部做一个小京官，大约等于现在部里的司长级，还是附员一类闲差。他知道一个汉人，在满族人的政权里做官，非走门路不可，于是他结交了一位亲王，两人感情很好，后来这位亲王向咸丰保荐曾国藩，说他"胆大心细，才堪大用"。咸丰看到是这位亲王——咸丰的伯伯或叔叔的保荐，就答应了召见。后来果然咸丰在便殿召见曾国藩，他进去以后，便殿里空空的，什么都没有，只是在上首位置，有一把皇帝坐的椅子，下面是一个锦墩，太监带他进去以后，教他在便殿等候，他向皇帝的位置，行了三跪九叩首大礼以后，就规规矩矩坐在锦墩上等候，等了一个多时辰，皇帝始终没有出来，最后一位太监出来通知他，皇帝今天有事，改天再召见，曾国藩只好对着空椅子三跪九叩首以后回去了。回去以后，这位保荐他的亲王马上问他情形。曾国藩报告了经过，亲王问他在便殿里有没有看见什么东西，曾国藩仔细回想，除了皇帝的座位和锦墩以外，的确没有另外看见什么东西。这位亲王听后说："糟了！"赶紧跑进宫里，找到便殿当值的太监，送上红包。结果打听出来皇帝座位后面的墙上挂了一张很小的字条，上面写的是"朱子治家格言"。亲王就回来告诉了曾国藩，而且告诉曾国藩，他向皇帝保荐的话是"胆大心细"四个字，胆大是不易测验的，除非教他去打仗，而心细则可测验的。果然过了几天，咸丰又召见曾国藩问起这张朱子治家格言的事，这时曾国藩当然答得不会含糊了。咸丰赞许，把曾国藩的名字记下来，而曾国藩也由此因缘，成了清代的中兴名臣。这是野史上的记载。

第二件事是胡林翼的故事。当时湖北的巡抚官文是一个满族人。清代的制度，因为始终有种族的观念，巡抚（相当现在的省主席）如果是满族人，而军门（相当现代的保安司令）则是汉人。反正在省的一文一武两大首长，一定是一个汉人、一个满族人。在巡兵的时候，巡抚和军门提督，两人都要签名，光是一个人签名，则调不动兵，如此以为互相牵制。所以当时打太平天国，也很麻烦的。当时湖北的官文是一个糊涂虫。有一天官文的第五姨太太做寿，胡林翼听说是抚台的夫人做寿，胡林翼身为军门提督，分嘱部下，不得不去。他本人虽然也可以不到，不过胡林翼还是去了。在巡抚衙门前，刚一下轿的时候，看到一个人身穿朝服，从里面出来，一脸怒容，上轿走了。胡林翼打听是怎么回事，人家报告，这位官员很有骨气，因为听见巡抚夫人生日，前来做寿，到了以后，知道只不过是五姨太的生日（当时多妻制，一人可以娶几个太太，但原配以外的姨太太，是没有地位，被人看不起的），所以没有进去拜寿，上轿就走了。大家称赞这位官员了不起，到底是读书人，有品格，有骨气！可是胡林翼把"马蹄袖"一抹，投了一张名卡，还是进去拜寿了。以胡林翼当时的声望名气，他亲自前往拜寿，官文和他这位最得宠的最小姨太太都高兴得很。官文吩咐这个姨太太，第二天就去回拜胡林翼的老太太，拜胡林翼的母亲为干妈。从此以后，胡林翼打太平天国，就可随便调兵。像胡林翼这种人，绝对是正派的人，但是为什么这样做？这就是权术，没有办法不如此做，要想事业成功，有时候也不能呆板地拘小节，问题在动机如何？他的动机绝不为私。如果不用这个方法，敌人打到门口了，还调不动兵，怎么去打仗？所以在这种小事上马虎一点，反正母亲收了一个干女儿，总不吃亏。所以上面这句话"臣有事左右以求进，托重臣以自结，可不虑之以伪乎"，也不是呆板的，要看实际的情形、如何运用、动机何在而定。

（八）看透圆滑应付之人，虑之以祸

　　臣有和同以取谐，苟合以求进，可不虑之以祸乎？

　　"和同"本来出自老子的"和光同尘"，意思是说，一个修道的人，不要特别把自己标榜得了不起，要和普通人一样，你修道者的光明也和普通人一样。"尘"就是世俗人，社会一般人，尘世之间，大家都吃饭，而你一个人非要买包子吃，这又何必呢？将就吃一点就好了嘛。这本来是"和光同尘"的意思，可是道家这一思想，后来被引用，就变成"太极拳"——圆滑的观念了，人说白的是黑的，我也马马虎虎说是黑的，跟着乱滚，也被称作"和同"了。"取说"的"说"，通"悦"。"和同以取说"，指的是臣下为了讨好上司，便放弃做人的原则，做乡愿去了。这里是说，有些干部圆滑得很，"太极拳"马马虎虎应付一下，只要配合主管的要求，什么都来，只要对他自己前途有利的就干，这种心理发展下去将来就是一个祸害。到了利害关头，一点气节都没有，什么事都可以做得出来。

（九）小心悦主求亲之人，虑之以佞

　　臣有悦主意以求亲，悦主言以取容，可不虑之以佞乎？

有的干部只做上面老板喜欢的事，专说老板喜欢听的话，以求得他欢心，取得他的亲信。这种就是佞臣。

（选自《历史的经验》）

图书在版编目（CIP）数据

正道的谋略 / 南怀瑾讲述 . —北京：北京联合出
版公司，2022.8（2023.3 重印）
ISBN 978-7-5596-6327-6

Ⅰ．①正… Ⅱ．①南… Ⅲ．①谋略－中国－通俗读物
Ⅳ．① C934-49

中国版本图书馆 CIP 数据核字（2022）第 116873 号

正道的谋略

作　　者：南怀瑾
出 品 人：赵红仕
责任编辑：周　杨

北京联合出版公司出版
（北京市西城区德外大街 83 号楼 9 层　100088）
河北鹏润印刷有限公司印刷　新华书店经销
字数 180 千字　880 毫米 ×1230 毫米　1/32　10.5 印张
2022 年 8 月第 1 版　2023 年 3 月第 6 次印刷
ISBN 978-7-5596-6327-6
定价：59.00 元